C.H.BECK WISSEN

Das Christentum ist die größte Weltreligion und hat Geschichte und Kultur weltweit tiefgreifend geprägt. Jörg Lauster schildert anschaulich und auf das Wesentliche konzentriert die Geschichte des Christentums, seine zentralen Motive sowie die Bedeutung von Innerlichkeit und Institutionen, Kultus und Kultur, Ethik und Politik. Dabei gelingt es ihm meisterhaft, das Christentum in seiner großen Vielfalt vorzustellen und zugleich zu zeigen, was all die unterschiedlichen Kirchen und Konfessionen bis heute im Innersten zusammenhält.

Jörg Lauster, geboren 1966, ist Professor für Systematische Theologie an der Ludwig-Maximilians-Universität München und hatte Gastprofessuren in Venedig, Rom und Chile inne. Bei C.H.Beck erschienen von ihm «Die Verzauberung der Welt. Eine Kulturgeschichte des Christentums» (6. Auflage 2021, C.H.Beck Paperback 2020) sowie «Der heilige Geist. Eine Biographie» (2. Auflage 2021).

Jörg Lauster

DAS CHRISTENTUM

Geschichte – Lebensformen – Kultur

C.H.Beck

Mit 9 Abbildungen

Originalausgabe

www.chbeck.de
Satz: C.H.Beck.Media.Solutions, Nördlingen
Druck und Bindung: Druckerei C.H.Beck, Nördlingen
Reihengestaltung Umschlag: Uwe Göbel (Original 1995, mit Logo),
Marion Blomeyer (Überarbeitung 2018)
Umschlagabbildung: «Christus mit der Weltkugel» (Ausschnitt),
mit Darstellung eines Globus von Kaspar Vopell aus dem Jahr 1537.
Rheinische Schule, 16. Jahrhundert. Berlin, Deutsches Historisches
Museum. © akg-images
Printed in Germany
ISBN 978 3 406 78193 3

myclimate

klimaneutral produziert
www.chbeck.de/nachhaltig

Inhalt

I. Das Christentum in der Geschichte

1. Der Anfang: Jesus Christus

Das Christentum beginnt mit einem Menschen, der vor zweitausend Jahren gelebt hat. Jesus von Nazareth trat im Alter von etwa dreißig Jahren am Rande des Römischen Reiches in der Gegend um den See Genezareth auf. Er verkündete den nahen Anbruch des Gottesreiches und verstand sich selbst als sichtbares Zeichen dafür, dass die erlösende Gottesherrschaft schon jetzt durch seine Worte und Taten in der Welt zu wirken beginnt. Die frühen Christinnen und Christen erzählten von dieser göttlichen Gegenwart in einem Menschen in vielen wundersamen Begebenheiten. Es gab in der Antike viele Wundertäter und Prediger. Das Erstaunliche ist, dass dieser eine, der sein Leben der Herrschaft Gottes verschrieb und dafür sterben musste, weit über seine Zeit und sein Wirkungsfeld hinaus Anhänger fand. Seit zweitausend Jahren leben Menschen in vielfältigen sozialen Gestalten, religiösen Riten und ideellen Ressourcen aus der Kraft des Anbruchs des Reiches Gottes in Jesus Christus.

Jesus von Nazareth

Die Schriften des Neuen Testaments sind beides zugleich, Gründungsurkunde und Quelle für den Beginn des Christentums. Die ältesten christlichen Zeugnisse sind die Briefe des Apostels Paulus, die er in den Fünfzigerjahren des 1. Jahrhunderts an entstehende christliche Gemeinden schrieb. Sie lassen erkennen, wie sich das frühe Christentum in seiner Begeisterung angefühlt haben muss. Paulus lebt aus der Gewissheit, dass Christus in ihm gegenwärtig ist, er sagt aber so gut wie nichts über das Leben und Wirken Jesu.

Das änderte sich eine Generation nach ihm. Zwischen 70 und 90 n. Chr. entstanden die ersten Evangelien. Die erste Generation von Aposteln, die sich teilweise noch zu den Jüngern Jesu zählten, war gestorben. Der Wunsch, die Anfänge festzuhalten, wuchs. Die frühen Christinnen und Christen wollten wissen, wer Jesus war. Sie wollten zugleich ihr eigenes neues Lebensgefühl als legitime Fortführung eines göttlichen Anfangs verstehen. Die Evangelien sind die wichtigsten und umfassendsten Quellen über das Leben Jesu. Sie wurden allerdings von Menschen überliefert, die nicht einfach aufzeichneten, wie etwas war, sondern bezeugen wollten, wie das, was war, in ihnen fortwirkte. Für sie war Jesus nicht nur ein Mensch aus Nazareth, für sie war er Gottes Sohn. Es ist die schwierige, aber nicht unmögliche Aufgabe wissenschaftlicher Bibelforschung, aus diesen Quellen die Konturen der historischen Persönlichkeit Jesu zu rekonstruieren.

Jesus wurde zwischen 4 v. Chr. und 6 n. Chr. in der galiläischen Stadt Nazareth geboren. Er wuchs dort in einer Handwerkerfamilie mit Geschwistern auf. Die Zeiten waren unruhig. Die jüdische Bevölkerung rang darum, ihre politische und religiöse Eigenständigkeit gegen die hellenistische und römische Kultur zu bewahren. Für das antike Judentum war die Gefährdung politischer Selbstständigkeit eine religiöse Bedrohung, denn sie stellte die göttliche Erwählung und die daran geknüpften Verheißungen an das Volk Israel infrage. Johannes der Täufer steht für eine der vielen Erneuerungsbewegungen. Er trat als apokalyptischer Prediger des bevorstehenden Gerichts auf, vor dem allein Reue und das Bekenntnis der Sünden retten kann. Sichtbares Zeichen dieser Umkehr war die Taufe im Jordan. Jesus war einer seiner Anhänger, bis er selbst 29/30 n. Chr. in den galiläischen Dörfern in der Nähe des Sees Genezareth als Botschafter des kommenden Gottesreiches in Erscheinung trat. Jesus nahm die Erwartungen seiner Zeit auf und prägte sie doch entscheidend um.

Das Reich Gottes hatte, so der Kern seiner Predigt, schon begonnen, es wurde in ihm selbst, in seinen Worten und Taten in der Welt sichtbar. Jesus scharte mit seiner Predigt Anhängerinnen und Anhänger um sich und fand zunächst großen Zulauf. Mit seinem Anspruch geriet er jedoch in Konflikt mit dem traditionsorientierten Judentum, er enttäuschte die Erwartungen der politischen Kreise und erregte Aufsehen bei den römischen Besatzern. Seine Verhaftung war eine logische Folge der durch sein Wirken ausgelösten Feindseligkeiten. Nach kurzem Prozess wurde Jesus im Umfeld des Passafestes um das Jahr 30 in Jerusalem am Kreuz hingerichtet.

Das Reich Gottes in Worten und Taten

Der Anbruch des Reiches Gottes ist das Zentrum des Wirkens Jesu. Die alttestamentlichen Schriften sprachen vom Königreich Gottes und der Gottesherrschaft, um die Hoffnung auf eine Welt kundzutun, die ganz von Gott als ihrem Schöpfer und Regenten durchdrungen ist. Die Erlösung von Mensch und Welt geschieht durch die Herrschaft Gottes, der gleich einem vollkommenen König die Welt lenkt und das Böse überwindet. Das Reich Gottes ist universal. Denn das Heil, das mit der Gottesherrschaft in die Welt kommt, geht über die Erlösung des Individuums hinaus, es erstreckt sich auf das Zusammenleben der Menschen und wirkt bis in die Natur hinein.

Davon künden auch die Worte und Taten Jesu. Vom Kommen des Gottesreiches hat Jesus vor allem in Gleichnissen gesprochen. Er griff darin auf Beispiele aus der ländlichen Alltagswelt zurück. Das Reich Gottes gleicht in seinem Werden dem Wachsen eines Senfkorns, das zunächst als winziges Saatgut in die Erde gelangt und am Ende so große Bäume hervorbringt, dass Vögel darin wohnen können (Mk 4,30–32). Vieles von der Arbeit des Sämanns ist vergeblich, seine Aussaat fällt auf steinigen Boden oder wird von Vögeln aufgepickt; wo sie aber auf fruchtbaren Boden gerät, bringt sie ganz von selbst reiche Frucht (Mk 4,3–9.13–20; Mk 4,28).

Diese Kraft wird konkret sichtbar und physisch erlebbar in den Heilungen kranker Menschen, von denen die Evangelien berichten. Jesu Heilungswunder basieren gemessen an dem heutigen Verständnis von Krankheit auf einem grundsätzlich anderen Weltbild. Krankheit ist nicht vorrangig in körperlichen Ursachen begründet, sondern in der Wirksamkeit von Dämonen. Die Herrschaft Gottes beginnt, wo die Macht der bösen Dämonen gebrochen wird. Ein wiederkehrendes Motiv der Krankenheilungen ist darum der Satz Jesu «Dein Glaube hat dich gesund gemacht» (Mk 5,34, ähnlich Mk 10,52). Der Glaube an die Kraft des Guten, der die Macht des Bösen in der Welt überwindet, ist der Anfang der Gottesherrschaft.

Ein Zeichen der konkret physischen Dimension der göttlichen Wirksamkeit in der Welt sind auch die Gastmähler, zu denen Jesus einlud. Jesus überwand darin die zu seiner Zeit geltenden sozialen Grenzen und nahm sich der Menschen am Rande der Gesellschaft an: Zöllner, Dirnen und Bettler. Das Reich Gottes kennt keine sozialen Hierarchien und Grenzen und eben darum auch keine Ränder. Das Miteinander der Menschen wird sein wie das freudige Beisammensein von Gästen bei einem Gastmahl. Das Motiv der Sättigung spielt dabei eine wichtige Rolle. Die Gottesherrschaft überwindet real Mangel, Hunger und Durst. Das Johannesevangelium hat später die materielle Erlösungsdimension ins Seelische gewendet. So wie der Körper mit Speise, so wird die Seele mit Ewigkeit gesättigt (Joh 6,30–34). Im Umfeld der Gastmähler sind auch die jesuanischen Speisungswunder angesiedelt, in denen Jesus mit fünf Broten und zwei Fischen Tausende Menschen satt machen kann (Mk 6,30–42; ähnlich Mk 8,1–9). In ihnen schwingt die soziale Dimension vom Nutzen des Teilens mit, vor allem aber sind sie im eigentlichen Sinn Naturwunder. Dazu gehören auch die Erzählungen, in denen Jesus die Macht hat, einen Sturm auf dem See Genezareth zu beenden (Mk 4,35–41), oder über den See wandelt, ohne unterzugehen (Mk 6,45–52). Mit diesen Taten setzt Jesus den Naturzusammenhang außer Kraft. Sie gelten darum als das eigentlich Mirakulöse seines Handelns und sind in ihrer historischen Wahrscheinlichkeit auch umstrittener als seine Heilungswunder. Ihre religiöse Botschaft ist dagegen glasklar: «Wer ist der, dass ihm Wind und Meer gehorsam sind?» (Mk 4,41) Das Reich Gottes durchdringt auch die Natur.

Das zentrale religiöse Motiv der Gottesherrschaft ist die Sündenvergebung. Jesus nimmt darin die Predigt zur Umkehr auf, die Johannes der Täufer verkündete, und wendet sie ins Existenzielle. Sie spielt in den Krankenheilungen eine Rolle (Mk 2,5–10) und wird in Gleichnissen zum Thema. Das Gleichnis vom verlorenen Sohn (Lk 15) bringt die Botschaft auf den Punkt. Entgegen den üblichen sozialen Regeln ist auch ein missglücktes oder gescheitertes Leben – selbst wenn es auf eigener Schuld beruht – von Barmherzigkeit getragen. Der Einbruch des Göttlichen zeigt sich, wo Menschen in ihrer Lebensgeschichte Erbarmen erfahren (Lk 7,36–50). Mitleid ist ein häufig genanntes Motiv (Mk 1,41; 6,34), wenn Jesus sich Menschen zuwendet. «Taten des Mitleids und des Erbarmens» nannte darum Albert Schweitzer das, was die Evangelien vom Anbruch der Gottesherrschaft durch Jesus erzählen (Schweitzer, Gespräche, 109). Jesus ist der gute Hirte (Joh 10), durch den die Gegenwart Gottes in der Welt sichtbar wird. Es ist die Gegenwart eines entgegen allem Widersinn und Bösen in der Welt durchschimmernden grenzenlosen göttlichen Wohlwollens, das die Welt trägt und den Menschen zuspricht: «Kommt her zu mir, alle, die ihr mühselig und beladen seid; ich will euch erquicken.» (Mt 11,28)

Das himmlische Leben

Der Anbruch der Gottesherrschaft verwandelt die Welt, die Menschen und ihr Handeln. Nicht die Sicherung der eigenen Existenz, sondern die Hinwendung zum Reich Gottes ist das, was in den Evangelien menschliches Leben ausmacht. «Trachtet zuerst nach dem Reich Gottes und nach seiner Gerechtigkeit, so wird euch das alles zufallen.» (Mt 6,33) Der Satz steht in der Bergpredigt, einer Sammlung von Aussprüchen Jesu, die der Evangelist Matthäus als Predigt auf einem Berg zusammengestellt hat. Sie ist einer der wichtigsten Texte des Christentums zum Lebenswandel im Angesicht des Reiches Gottes, der Nachfolge Christi. Die einleitenden Seligpreisungen verdeutlichen den fundamentalen Sinneswandel, den Jesus predigte. Die Sanftmütigen, die nach Gerechtigkeit Hungernden, die Friedfertigen sind es, die glückselig sein werden. Die Radikalität gipfelt in dem Verzicht auf Vergeltung: «Wenn dich jemand auf deine rechte Backe schlägt, dann biete die andere auch dar» (Mt 5,39) und schließlich in dem Aufruf: «Liebet eure Feinde und bittet für die, die euch verfolgen!» (Mt 5,44) Die Gottesherrschaft durchbricht den Kreislauf menschlicher Selbstdurchsetzung mit der Macht der Liebe. Nicht das Beherrschen, sondern das gegenseitige Dienen bestimmt das Verhältnis der Menschen zueinander (Mk 10,35–45).

Der neue Lebenswandel ist wichtiger als Hab und Gut. Jesus kritisiert den Reichtum, weil er von der Seele des Menschen Besitz ergreift. Leichter, so ein berühmtes Wort Jesu, geht ein Kamel durch ein Nadelöhr, als dass ein Reicher in das Himmelreich gelangt (Mk 10,25). Das Reich Gottes ist eine göttlich getragene Ordnung, in der Menschen aufgehoben sind. Der Glaube daran befreit vom Kampf um das Dasein. Darum finden sich in der Bergpredigt nicht nur radikale ethische Forderungen, sondern auch Ermunterungen zu einer gelassenen Besonnenheit:

> Darum sage ich euch: Sorgt euch nicht um euer Leben, was ihr essen und trinken werdet; auch nicht um euren Leib, was ihr anziehen werdet. Ist nicht das Leben mehr als die Nahrung und der Leib mehr als die Kleidung? Seht die Vögel unter dem Himmel an: Sie säen nicht, sie ernten nicht, sie sammeln nicht in die Scheunen; und euer himmlischer Vater ernährt sie doch. Seid ihr denn nicht viel kostbarer als sie? (Mt 6,25–26).

Jesus gleicht darin einem griechischen kynischen Weisheitslehrer. Die Überzeugung einer geradezu kosmischen Geborgenheit mündet ein in die Feststellung: «Denn welchen Nutzen hätte der Mensch, wenn er die ganze Welt gewönne und verlöre sich selbst oder nähme Schaden an sich selbst?» (Lk 9,25) In der Moderne war es ausgerechnet Friedrich Nietzsche, der trotz seines wachsenden Hasses auf das Christentum eine tiefe Ahnung hatte von der Bedeutung des neuen Lebenswandels in der Gottesherrschaft, den Jesus ankündigte. Von Jesu könne man lernen, «wie man leben müsse, um sich ‹im Himmel› zu fühlen, um sich ‹ewig› zu fühlen» (Nietzsche, Antichrist, Nr. 33).

Mahnend werden Jesu Worte, wenn er auf Uneinsichtigkeit, Unbelehrbarkeit und Ablehnung der göttlichen Gegenwart stößt. Das Leben aus der Gewissheit der Gottesherrschaft ist an den Taten zu messen, für die Menschen zur Verantwortung gezogen werden. In der Rede vom großen Weltgericht macht er den Maßstab deutlich, der im Gericht angewandt wird: «Was ihr nicht getan habt einem von diesen Geringsten, das habt ihr auch mir nicht getan.» (Mt 25,45) In den Evangelien tauchen wiederholt Züge Jesu auf, die uns heute, aber vermutlich schon seinen Zeitgenossen, als äußerst sperrig erscheinen mussten. Darin hebt er die Unverträglichkeit seiner Botschaft mit den Gesetzen der Welt hervor: «Ich bin nicht gekommen, Frieden zu bringen, sondern das Schwert.» (Mt 10,34) Ein Leben aus der Gottesherrschaft bedeutet bedingungslose Ernsthaftigkeit. Dem Christentum ist damit eine tiefe Spannung eingegeben, an der es sich zeit seiner Geschichte abarbeitet. Das Reich Gottes ist das Reich einer erlösenden, das Universum tragenden Barmherzigkeit. Aus ihr kann das Leben höchste Steigerung und Vollendung erlangen, im Widerspruch zu ihr kann es fatal scheitern und zugrunde gehen.

Der Sohn Gottes

Jesus predigte und lebte die Gottesherrschaft. Der damit verbundene Anspruch gab seinen Zeitgenossen, Anhängern wie Gegnern, ja auch seiner eigenen Familie Rätsel auf. «Was ist das?», fragen sich die Menschen im Markusevangelium: «Eine neue Lehre in Vollmacht!» (Mk 1,27) Eines der geheimnisumwittertsten Bilder in Jesu Worten weist in die Richtung, woher Jesus diese neue Vollmacht nahm: «Ich sah den Satan vom Himmel fallen wie einen Blitz.» (Lk 10,18; vgl. Roloff, Jesus, 73 f.) Mit dem Sturz des Satans ist die Macht des Bösen gebrochen, die Wende der Zeit ist eingetreten, das Reich Gottes beginnt. Jesus verstand sich als Propheten und Repräsentanten dieser Erfahrung. Darin sah er seinen besonderen Auftrag. Dass er in der Gewissheit wirkte, Gottes Sohn zu sein, der sterben müsse, um am dritten Tage aufzuerstehen, ist nicht sehr wahrscheinlich. Entgegen der vorherrschenden Tendenz der Verherrlichung Jesu schimmert in den Evangelien an wenigen Stellen durch, wie er an seinem Auftrag und auch an seinen Kräften gezweifelt haben könnte. Vor seiner Festnahme im Garten Gethsemane bittet er im einsamen Gebet darum, dass der Kelch an ihm vorübergehen möge (Mk 14,36). Am Kreuz ruft er schließlich aus: «Mein Gott, mein Gott, warum hast du mich verlassen?» (Mk 15,34)

Hörerinnen und Hörer des Evangeliums kannten zu allen Zeiten die Antwort auf diese Frage. Gott hat Jesus nicht verlassen. Die Evangelien lassen nicht den Hauch eines Zweifels daran aufkommen, dass Jesus Gottes Sohn ist. Um das zu verkündigen, wurden sie geschrieben. Sie erzählen dies auf unterschiedliche Weise. Nach Markus wird Jesus in der Taufe der göttliche Geist verliehen, dadurch wird er zu Gottes Sohn (Mk 1,9–11). Matthäus und Lukas verlegen die Gottessohnschaft noch weiter zurück in das Geburtsgeschehen. In der lukanischen Variante «überschattet» der heilige Geist Maria (Lk 1,35). Die Geburt Jesu wird entsprechend der messianischen Verheißung nach Betlehem verlegt. Hirten und Engel erkennen, dass in dem Geschehen im Stall das göttliche Friedensreich seinen Anfang nimmt. Für Johannes schließlich ist der irdische Jesus identisch mit dem göttlichen Logos, der bereits vor der Schöpfung in Gott existierte. Die Ausführlichkeit, mit der die Evangelien die Passion schildern und als notwendigen Bestandteil eines göttlichen Auftrags interpretieren, macht deutlich, dass für das frühe Christentum hier besonderer Erklärungsbedarf bestand. Wie kann es sein, dass Jesu Anspruch, den Beginn der Gottesherrschaft einzuläuten, mit der Hinrichtung am Kreuz an sein Ende kam? Die Antworten sind vielfältig. Sie reichen von der Aufopferung für eine Idee über die Vorstellung von einem stellvertretenden Sühnopfer bis zur Hingabe für die Freunde. In alledem erscheint Jesu Tod als notwendiger Teil der göttlichen Erlösung.

Trotz ihrer unterschiedlichen Akzentuierung ist allen Evangelien gemeinsam, dass sie in Jesus Gottes Sohn sehen. Sein Leben und sein Sterben folgen von Anfang an göttlicher Führung und sind Teil des universalen göttlichen Heilsplans. In ihm geht in Erfüllung, was die alttestamentlichen Propheten über den Messias weissagten. Darum verleihen die Evangelien Jesus theologische «Hoheitstitel», von denen das griechische *christos*, der Gesalbte, neben der Bezeichnung als Gottessohn zum wichtigsten wurde. Jesus Christus ist kein Name, sondern ein Bekenntnis: Jesus ist der Gesalbte, der Messias.

Die Evangelien verkünden, wie die Herrschaft Gottes in Jesu Worten und Taten begann und auch nach seinem Tod weiterwirkte. Sie erzählen zum einen vom leeren Grab, zum anderen von Erscheinungen des Auferstandenen. Die Frage, ob Jesus tatsächlich von den Toten auferstanden ist, begleitet die Auferstehungsberichte von Anfang an. Für viele Christinnen und Christen ist bis heute der Glaube an das historische Faktum der Auferstehung Jesu essentiell, weite Teile der modernen Theologie urteilen vorsichtiger oder umgehen das Thema. Verlässlich lässt sich sagen, dass alle Auferstehungserzählungen einen gemeinsamen Kern haben. Jesu Anhängerinnen und Anhänger nahmen auch nach seinem Tod seine Gegenwart wahr und empfingen aus ihr die Kraft, das Leben dem Reich Gottes zu widmen. Es ist ein weitgehender Konsens, die Auferstehung als Symbol für die bleibende Gegenwart Christi zu verstehen.

Die Evangelien umkreisen diese Botschaft mit den Mitteln der literarischen Erzählung. Lukas erschafft in der Geschichte der Emmausjünger eine der tiefsinnigsten: Zwei Jünger verlassen nach den Ereignissen in Jerusalem traurig die Stadt, als sich ein Unbekannter zu ihnen gesellt. Sie erkennen ihn während ihres langen Weges nicht. Erst als er mit ihnen zu Tisch sitzt und das Brot bricht, gehen ihnen die Augen auf. Es ist der auferstandene Christus. Mit der Bitte, die sie zuvor an ihren Weggefährten gerichtet haben, bringt Lukas zum Ausdruck, was die Auferstehung Jesu Christi für das Christentum bedeutet: «Bleibe bei uns, denn es will Abend werden.» (Lk 24,29)

2. Vom Werden des Christentums

Das Christentum wurde aus der Erfahrung geboren, dass Gott durch die Person Jesus Christus in der Welt nicht nur gegenwärtig ist, sondern auch sichtbar wird. Die Überzeugung, dass die erlösende Kraft Gottes fortwirkt, macht das Christentum aus. Das schon angebrochene Reich Gottes ist darum kein bestimmter Zustand, sondern stets ein Werden und eine Aufgabe. Davon handelt die Geschichte des Christentums. Sie besteht nicht allein aus der Abfolge von Ereignissen, sondern auch aus den Versuchen, die Erfahrung des Reiches Gottes in der eigenen Lebensweise zu verwirklichen. Die Geschichte des Christentums ist darum mehr als die Geschichte ihrer Kirchen, sie ist als eine Geschichte des Sinns zu erzählen, den die erlösende Kraft Gottes in der Welt stiftet.

Der Enthusiasmus des Anfangs

Die ersten Christinnen und Christen erlebten die göttliche Kraft nach Jesu Tod in ihrer Gemeinschaft und in sich selbst. Im Laufe von etwa zwei Jahrhunderten nahm die Kraft der Gottesgegenwart Formen an. Das Christentum gewann aus seinen unscheinbaren, fließenden und schwer zu fassenden Anfängen Gestalt.

Erste Strukturen sind spätestens eine Generation nach dem Wirken Jesu erkennbar. Aus den Briefen des Apostels Paulus erfahren wir, dass sich die frühen Gemeinden zu Gottesdiensten versammelten. Sie begingen die Taufe, um den Eintritt und die Zugehörigkeit zu ihrer Gemeinschaft zu begehen, und feierten das Abendmahl in der Gewissheit, dass Christus unter ihnen gegenwärtig ist. Sozialstrukturen mit verschiedenen, noch sehr unterschiedlich angelegten Leitungs- und Versorgungsaufgaben in den Gemeinden zeichnen sich ab. Obgleich Jesus mit seinen Anhängerinnen und Anhängern als umherziehender «Wandercharismatiker» (G. Theißen) lebte, setzte sich das sesshafte Christentum in Familien und Städten dennoch rasch durch. Frühe Gemeinden hat es in großen Handelsstädten wie Antiochia, Korinth, Thessaloniki und schließlich auch in Rom selbst gegeben. Die Infrastruktur des Römischen Reiches begünstigte die Missionstätigkeit der frühen Christen. Sie ging aber auch über die Reichsgrenzen hinaus. Christliche Gemeinden entstanden im Süden entlang des Oberlaufs des Nils, im Osten in Armenien und Mesopotamien. Das Wachsen des Christentums war vor allem in dem Lebensgefühl begründet, das es ausstrahlte. Das Neue Testament ist die prominenteste Quelle für dieses frühchristliche Lebensgefühl. Als Gestalt ragt der Apostel Paulus heraus. Der Legende zufolge, die Lukas in der Apostelgeschichte erzählt, erschien Christus dem Christengegner Saulus und fragte ihn, warum er ihn verfolge (Apg 9). Von dieser Offenbarung überwältigt – der Maler Caravaggio hat im 16. Jahrhundert das vermutlich eindrücklichste Bild dazu gemalt –, bekehrte sich Saulus zum Christentum und wurde als Paulus zu dessen größtem Apostel und Missionar. In einer radikalen Lebenswende erfuhr er in sich selbst die Gegenwart Christi, die dann zum tragenden Fundament seines Lebens wird. «In-Christus-Sein» ist die Formel, auf die Paulus das neue Lebensgefühl bringt. Anders als Petrus und die ersten Apostel war Paulus der historischen Person Jesus nie begegnet. Dennoch stieg er, zunächst nicht ohne Konflikte, zum wichtigsten Repräsentanten des frühen Christentums auf.

Die Briefe des Paulus geben einen interessanten Einblick in die Fragen, die die frühen Gemeinden umtrieben. Was durften die «jungen» Christinnen und Christen über den Tod hinaus hoffen? Wie sollten sie sich zu ihren bisherigen religiösen Bräuchen verhalten, wie zu der Kultur und dem Staat, in dem sie lebten? Wie sollte ihr Zusammenleben organisiert sein? Wie sollten sie mit Streitigkeiten untereinander umgehen?

Aufwühlend werden die Briefe, wenn Paulus das neue Lebensgefühl zu beschreiben versucht. Er schildert die Christusgegenwart in Auseinandersetzung mit dem jüdischen Gesetzesverständnis als Rechtfertigung allein aus Gnade (Röm 3,28), als ein Mitleiden und Mitauferstehen mit Christus (Röm 6,1–11), als eine umfassende Verwandlung in die Gestalt Christi (2 Kor 3,18) oder als mystische Entrückung (2 Kor 12,1–10). Die theologische Pointe seines Erlösungsverständnisses liegt darin, dass Paulus die Gegenwart Christi als die Einwohnung des Geistes Christi in den Herzen der Menschen begreift (Röm 8,9–10). Das neue Lebensgefühl ist das einer fundamentalen Befreiung von den religiösen, materiellen und kulturellen Fesseln dieser Welt: «Der Herr ist der Geist; wo aber der Geist des Herrn ist, da ist Freiheit.» (2 Kor 3,17)

Der Evangelist Lukas hat die soziale Attraktivität der göttlichen Geistesgegenwart geschildert. Die Apostelgeschichte lässt das Urchristentum als ein Goldenes Zeitalter aufleuchten. Die Gegenwart des heiligen Geistes, der am Pfingsttag über die Gemeinde in Jerusalem kommt, verwandelt die Menschen und damit auch ihr Zusammenleben.

> Sie blieben aber beständig in der Lehre der Apostel und in der Gemeinschaft und im Brotbrechen und im Gebet. Es kam aber Furcht über alle, und es geschahen viele Wunder und Zeichen durch die Apostel. Alle aber, die gläubig geworden waren, waren beieinander und hatten alle Dinge gemeinsam. Sie verkauften Güter und Habe und teilten sie aus unter alle, je nachdem es einer nötig hatte. Und sie waren täglich einmütig beieinander im Tempel und brachen das Brot hier und dort in den Häusern, hielten die Mahlzeiten mit Freude und lauterem Herzen und lobten Gott und fanden Wohlwollen beim ganzen Volk. Der Herr aber fügte täglich zur Gemeinde hinzu, die gerettet wurden. (Apg 2,42–47)

Lukas begründete damit das Ideal einer einmütigen, sich gegenseitig helfenden und beständigen Gemeinschaft, die zur Mutter vieler Utopien in der christlichen Kulturgeschichte wurde. Der proklamierte «Liebeskommunismus» verkörpert das Selbstbewusstsein der frühen Christen, dem Auftrag Jesu Christi zu entsprechen und in der Kraft seines Geistes schon jetzt etwas vom Himmel auf dieser Erde wahr werden zu lassen.

Sich-Einrichten in der Welt: Krisen und Kompromisse

Das neue Lebensgefühl der frühen Christinnen und Christen musste sich in der Lebenswirklichkeit bewähren. Drei große Krisen im 2. Jahrhundert veranschaulichen, vor welchen Herausforderung das Christentum stand.

Die erste betraf die Herkunft. Jesus, seine Jünger, Petrus, Paulus und die ersten Apostel, sie alle waren Juden. Bis ins 2. Jahrhundert hinein gab es Christen, die sich zugleich als Juden betrachteten. Unübersehbar ist jedoch, dass bereits von Paulus an die frühen Christen den Unterschied zu ihren jüdischen Religionsgeschwistern wahrnahmen, die in Jesus nicht die Erfüllung der alttestamentlichen Weissagungen und damit die Fülle der Gottesgegenwart erblickten. Langwierig ist der Prozess der

Trennung, der am Ende dazu führte, dass sich Christentum und Judentum als zwei verschiedene Religionen verstanden. Der frühe Anti-Judaismus schlug in späteren Epochen immer wieder in blanken Antisemitismus um, der zu den düsteren Kapiteln der Christentumsgeschichte zählt.

Während die Auseinandersetzung mit dem antiken Judentum die eigene Herkunft betraf, profilierte das frühe Christentum in der Auseinandersetzung mit der Gnosis das christliche Welt- und Lebensgefühl. Die antike Gnosis war eine populäre Strömung des hellenistischen Zeitgeistes, die Elemente der platonischen Philosophie zu einem radikalen Dualismus zwischen Geist und Materie vereinfachte. Erlösung bedeutete die Überwindung der Materie, in Christus sahen die Gnostiker den Heros dieses Erlösungswegs. Das antike Christentum folgte diesem mit klaren Unterscheidungen arbeitenden Deutungsangebot in seinen Hauptströmungen nicht. Der gnostische Dualismus widerspricht zutiefst der Schöpfungs- und Erlösungsidee des Christentums, wie sie sich schließlich durchgesetzt haben. In der Auseinandersetzung mit der Gnosis formierten sich die Grundzüge einer fundamentalen Weltbejahung des Christentums. Erlösung ist für das Christentum Verwandlung, nicht Vernichtung. Allein unter dieser Voraussetzung ist Arbeit in und an der «Welt» sinnvoll.

Ein weiterer Konflikt innerhalb der entstehenden Kirche wurde in der prophetischen Krise ausgetragen. Ein Mann namens Montanus (gest. um 170), aber auch Frauen wie Priscilla und Maximilla (gest. um 180) aktivierten die Idee der Unmittelbarkeit des heiligen Geistes, der mit seiner Kraft in Menschen ohne Berücksichtigung ihrer Herkunft, ihres Geschlechts oder ihrer Qualifikation wirkte. Sie stellten das prophetische Erbe gegen das ihrer Einschätzung nach bereits «laue» Christentum ihrer Zeit. Der Montanismus fand in Kleinasien, aber auch in Großstädten wie Karthago und Rom beachtlichen Zulauf. Er ist gewissermaßen der Ursprung aller charismatischen Bewegungen, die gegen die voranschreitende Abkühlung der Begeisterung über die Gegenwart des göttlichen Geistes protestieren. Der Montanismus setzte sich nicht durch. Die frühe Kirche hat in dem Konflikt zwischen Charisma und Institution nicht einseitig die unmittelbare Geisterfahrung geopfert, aber sie hat in der Ablehnung des Montanismus versucht, die Kraft des Geistes in die Bahnen der Kirche zu lenken.

Stabilität durch soziale und geistige Formen

Getragen von der Gewissheit der erlösenden Gegenwart Gottes in der Welt wurde aus der kleinen Gemeinschaft, die auf das Weltende wartete, eine Kirche, die sich in der «Welt» einrichtete. Den Übergang kann man mit Max Weber als «Routinisierung des Charismas» beschreiben. Das frühchristliche Lebensgefühl kühlte sich ab und nahm festere Formen an. Mit einer Vielzahl von Bildern beschreibt das Neue Testament, wie der religiöse Enthusiasmus in rituelle Formen überging und soziale Gestalt annahm. Die Versinnlichung der göttlichen Gegenwart in der werdenden Kirche und im sich formenden Ritus waren wesentliche Elemente, um die Präsenz Gottes in der Welt darzustellen und aus ihr Lebenskraft zu beziehen. Ohne diese festen Formen hätte der Geist des Christentums in der Welt nicht überlebt (siehe S. 64–66).

Zu ihnen gesellten sich ideelle Formen. Der biblische Kanon sowie die Festlegung einer gemeinsamen Glaubensregel mitsamt der daraus hervorgehenden Theologie umzäunten das frühchristliche Denken. Der Umgang mit heiligen Schriften war dem frühen Christentum aus der Synagoge bestens vertraut. Von dem Kirchenvater Justin wissen wir, dass in den Gottesdiensten im 2. Jahrhundert eine Lesung aus den Schriften, die Christen heute als Altes Testament bezeichnen, stattfand, auf die eine weitere Lesung aus einem der zirkulierenden Briefe eines Apostels oder aus einem Evangelium folgte. Die anschwellende Produktion frühchristlicher Texte, Briefe von Aposteln, Evangelien und Apokalypsen, drängte zu einer Klärung, ob alle diese Texte gleichermaßen Geltung in den Gemeinden haben sollten. Die Frage nach einer Regel und Richtschnur – nichts anderes heißt das Wort «Kanon» – stand zur Diskussion. Der den Gnostikern nahestehende Reeder Marcion bestritt, dass die alttestamentlichen Bücher für das Christentum Geltung haben könnten. In der Auseinandersetzung mit Marcion liegen die Anfänge der christlichen Bibel. Ihre Doppelstruktur aus Altem und Neuem Testament entspricht der Einsicht, dass die werdende Kirche die alttestamentlichen Texte als Weissagungen und Vorblicke auf das verstand, was sich mit Jesus Christus und mit ihm in der Gemeinschaft seiner Anhängerinnen und Anhänger ereignete. Es dauerte bis ins 4. Jahrhundert, bis sich die 27 Schriften, die das Neue Testament enthält, als maßgeblicher Ausdruck frühchristlicher Religiosität in der Alten Kirche durchsetzten. Die Grenzen zwischen kanonischen und apokryphen, also nicht zum Kanon gehörigen, Schriften waren lange fließend. Die Kanonizität einer frühchristlichen Schrift war nicht Gegenstand einer klaren kirchenamtlichen Entscheidung von Amtsträgern, sondern Resultat eines eher diffusen Prozesses, in dem historische und theologische Argumente eine Rolle spielten.

Die antiken Christinnen und Christen verehrten die Sammlung der Schriften des Alten und Neuen Testaments als heilig, weil sie Zugang zu dem gewährten, was Menschen als Gottes Offenbarung erfahren haben. Sie artikulierten, was die Christen für ihr religiöses Lebensgefühl als prägend empfanden. Darin sind sie ein Ausdrucksuniversum religiöser Erfahrungen, das die Ursprünge des Christentums im Bewusstsein hält und durch die Kraft der Erinnerung in die jeweilige Gegenwart bringt. Kanon bedeutet nicht nur Begrenzung. Nicht ein, sondern vier Evangelien schildern Leben und Wirken Jesu, nicht nur Paulus, auch Johannes und andere Apostel, darunter auch Kritiker des Paulus, kommen zu Wort. Der biblische Kanon ist darum die Wiege der Vielfalt christlicher Konfessionen (E. Käsemann). Bis heute weichen katholische, lutherische, reformierte und orthodoxe Bibeln voneinander ab, orientalisch-orthodoxe Christentümer wie die Äthiopisch-Orthodoxe Kirche zählen sogar 81 biblische Bücher.

Parallel zur Ausbildung des Kanons und in gegenseitiger Beeinflussung entstanden kirchliche Bekenntnisse. Sie boten eine Synthese dessen, was Christinnen und Christen glauben konnten, und gaben damit Kriterien für die Beurteilung der frühchristlichen Schriften an die Hand. Die heute bekanntesten

Fassungen, das Nizänische und das Apostolische Glaubensbekenntnis, stammen aus dem 4. Jahrhundert. Der Ursprung dieser «Glaubensregeln» liegt vermutlich in der Taufliturgie. Die Täuflinge, zu jener Zeit fast immer Erwachsene, bekannten darin die Grundsätze ihres neuen Glaubens. Aus dem Bemühen zu verstehen, was man glaubt, entstand die christliche Theologie. Die Theologen der Alten Kirche orientierten sich an der antiken Philosophie, viele entstammten selbst einer Philosophenschule. Griechische Kirchenväter wie Origenes oder Gregor von Nyssa waren exzellente Kenner des antiken Platonismus. Von der Philosophie übernahmen die christlichen Theologen das Verfahren, den Glauben nicht einfach zu behaupten, sondern mit Gründen plausibel zu vertreten. Die Theologie war nach innen und nach außen gerichtet. Sie diente dazu, dass Christinnen und Christen selbst besser verstehen konnten, was sie glaubten, und ihre Auffassungen gegenüber der hellenistischen Kultur erläutern und verteidigen konnten.

Aus der christlichen Theologie gingen schließlich auch die Dogmen hervor. 325 verurteilte man in Nizäa die Lehre des Presbyters Arius, der Christus der Einzigartigkeit Gottes unterordnete. Demgegenüber hielt das Konzil trinitarisch die Wesensgleichheit von Vater und Sohn fest, um eine Unterordnung des Sohnes und damit auch seines Erlösungswerkes auszuschließen. 451 erläuterte man in Chalcedon, dass Jesus Christus zwei Naturen in sich vereine und wahrhaftig Gott und wahrhaftig Mensch gewesen sei. Die Hoffnung, mit den Dogmen eine kirchenrechtlich sanktionierte und einende Wirkung in den ihnen vorausgehenden theologischen Streitigkeiten zu erzielen, erfüllte sich nicht. In beiden Fällen beschworen die Beschlüsse neue, langwierige Streitigkeiten herauf, im Falle von Chalcedon führten sie sogar zu einer Kirchenspaltung (siehe S. 29). Dennoch sind vor allem die theologischen Debatten, die dahinter stehen, aber letztlich auch das Dogma selbst besser als ihr Ruf. Sie gehen auf die Anstrengung des Denkens zurück, den eigenen Glauben zu verstehen und klar zu artikulieren.

Von der Märtyrersekte zur Staatsreligion

Dass sich überhaupt einmal Bischöfe und Theologen um theologische Lehrsätze kümmern müssten, die einheitliche Geltung für das gesamte Römische Reich haben sollten, wäre für die Christinnen und Christen des 1. Jahrhunderts weder vorstellbar noch wünschenswert gewesen. Sie richteten sich zwar in den ersten Generationen nach Jesus in der Welt ein. Das hieß aber nicht, dass sie sich in der römischen Kultur oder auch in den Kulturen jenseits der östlichen und südlichen Reichsgrenzen zu integrieren gedachten. Den Römern kam das sonderbar vor. Die ersten Berichte über Christen bei Plinius und Tacitus beschreiben, wie fremd das Christentum auf Römer wirken musste. Die *Traditio Apostolica*, eine Kirchenordnung aus dem 3. Jahrhundert, dokumentiert, was die christliche Gemeinde Beitrittswilligen abverlangte. Im Grunde untersagte sie alle Berufe, die mit dem römischen Staat und römischer Kultur zu tun hatten. Wer Christ werden wollte, konnte nicht zugleich Richter, Lehrer, Soldat oder Schauspieler sein. Das Römische Reich hat auf die christliche Unwilligkeit zur Integration aggressiv reagiert. Von Nero an sahen sich Christinnen und Christen der Verfolgung ausgesetzt. Dies geschah in lokal aufflammenden Pogromen, ständiger Rechtsunsicherheit, Enteignungen, schließlich auch durch Folter und qualvolle Hinrichtungen. Einen Höhepunkt erreichten die Verfolgungen unter Decius um 250 und unter Diocletian am Anfang des 4. Jahrhunderts, weil in ihnen die antichristliche Energie systematisch und ideologisch wurde. Viele Christinnen und Christen fielen durch ihre Standhaftigkeit auf. Sie zogen es vor, die Folter auszuhalten und unter grausamen Hinrichtungsarten zu sterben, anstatt den Glauben an Christus aufzugeben. Die christlichen Gemeinden sahen in den Frauen und Männern, die das Martyrium auf sich nahmen, die Kraft Gottes selbst am Werk. Den meisten Römern musste dies sonderbar erscheinen. Warum für einen Gott sterben, wo es doch so viele Götter gab? Dass die Bewunderung für das Martyrium die Römer in Scharen zum Christentum hinzog – wie mancher Kirchenvater behauptete –, dürfte gewiss übertrieben sein, aber ohne Eindruck blieb die Tapferkeit nicht.

Nicht alle Christinnen und Christen waren allerdings in der Lage und willens, das Martyrium auf sich zu nehmen. Der Umgang mit denen, die im Angesicht der Drohung vom Glauben abgefallen waren, schuf theologische und soziale Probleme. Eine nach dem Namen ihres Bischofs als Donatisten bezeichnete Gruppe vertrat das Ideal einer Gemeinde der Reinen und Entschlossenen. Abgefallene durften nicht wieder in die Gemeinde aufgenommen werden, und die Sakramente eines abgefallenen Priesters galten als unwirksam. Mehrheitlich setzte sich jedoch die Haltung durch, Barmherzigkeit walten zu lassen. Das ebnete den Weg zu einer inklusiven Großkirche, die die rigorose Exklusivität der christlichen Lebensführung abmilderte.

Die Christenverfolgungen ebbten 311 mit dem Toleranzedikt des Galerius ab. Die Verfolgungen hatten den Gemeinden beträchtliche Verluste und Schäden zugefügt, ihr erklärtes Ziel, die Auflösung des Christentums, erreichten sie jedoch nicht. Dazu waren die Christinnen und Christen bereits zu zahlreich. Vermutlich waren am Anfang des 4. Jahrhunderts etwa zehn Prozent der Bevölkerung des Römischen Reiches christlich. In Großstädten wie Alexandria und Antiochia könnten Zehntausende, in Rom etwa hunderttausend Christen in Gemeindestrukturen gelebt haben. Das Christentum war zu Beginn des 4. Jahrhunderts zu einer beachtlichen organisatorischen Größe angewachsen.

Mit Kaiser Konstantin wendete sich das Blatt grundlegend. Der Legende nach erschien ihm am Vorabend der Schlacht an der Milvischen Brücke im Oktober 312 im Traum ein Kreuz mit dem Christuszeichen, begleitet von der Prophezeiung: *In hoc signo vinces* – «In diesem Zeichen wirst du siegen.» Tatsächlich besiegte Konstantin am folgenden Tag seinen Kontrahenten Maxentius. 313 erließ er das Mailänder Religionsedikt. Es verpflichtete das Reich zur Rückerstattung enteigneter Güter und räumte dem Christentum eine Vorzugsrolle ein. Über Konstantins Motive rätseln seit jeher die Gelehrten. Sie dürften in einer Mischung aus ernsten religiösen Beweggründen und politischem Kalkül anzusiedeln sein. Der hohe Organisationsgrad und der Universalismus des Christentums schienen dem Kaiser die Stabilisierung des riesigen Reiches zu begünstigen. Der Aufstieg zur Staatsreligion war damit noch keineswegs gesichert, im 4. Jahrhundert hätte sich das Blatt auch noch wenden können. Erst Kaiser Theodosius I. erhob 380 das Christentum zur Staatsreligion des Reiches.

Bereits unter Konstantin veränderte sich das christliche Leben grundlegend. Die ausgestreckte Hand des Kaisers anzunehmen bedeutete auch, die ablehnende Haltung gegenüber dem Reich und seiner Kultur aufzugeben. Schon ab 314 wurde die skeptische Haltung zum Militärdienst gelockert, Amtsträger wurden mit der Würde hoher Reichsbeamter ausgestattet, die Kirche mit Gütern und Besitz bedacht. Rasch begann das Christentum, andere Kulte und Gemeinschaften an den Rand zu drängen, ein Prozess, der über 200 Jahre dauerte und unter Kaiser Justinian im 6. Jahrhundert mit dem Verbot aller heidnischen Religionen sein Ende fand. Diese Unduldsamkeit des einstmals selbst verfolgten Christentums, seine religiöse und kulturelle Intoleranz, ist für modernes, westlich geprägtes Denken heute schwer nachvollziehbar, zumal das spätantike Heidentum in seiner weltanschaulichen Offenheit nicht unsympathisch erscheint. Die Exklusivität des antiken Christentums ist die Kehrseite seiner religiösen Überzeugungskraft. Die Gewissheit, in der eigenen Gemeinschaft Gott gegenwärtig zu wissen, schloss andere Erscheinungsformen göttlicher Präsenz aus. Die Wege von der religiösen Überzeugungsgewissheit in die Unduldsamkeit und von dort in den Fanatismus sind manchmal kurz. Das Christentum brauchte über ein Jahrtausend, um zu lernen, dass sich religiöse Überzeugung und Toleranz nicht ausschließen.

Das Verhältnis zwischen Christentum und römisch-hellenistischer Kultur ist komplexer, als es die Vorstellung von einer Verdrängung nahelegt, denn das Christentum hat vieles aus der römischen Kultur übernommen, von der Organisationsstruktur der Gemeinden über die Insignien der Amtsträger und die Ausgestaltung der Liturgie bis hin zur philosophisch geprägten Theologie. Einem Christen des 1. Jahrhunderts hätte es die Sprache verschlagen, wenn er gesehen hätte, wie römisch und wie «heidnisch» die Kirche des 4. Jahrhunderts geworden war.

Warum hat das Christentum das Römische Reich und auch noch dessen Ende überlebt? Das hängt *erstens* mit seiner Botschaft zusammen. In Jesus Christus wurde sichtbar, dass Gott in der Welt präsent ist, um sie zu erlösen. Das veränderte das Verhältnis der Menschen zu Gott als dem letzten Grund ihres Daseins fundamental. Der christliche Gott zeigte in Jesus Christus sein Gesicht, man konnte sich an ihn wenden, um seine Fürsorge bitten und darauf hoffen, von ihm behütet zu werden. Gott gab nicht nur der Welt, sondern jedem einzelnen Leben Sinn. *Zweitens* gelang es dem Christentum, diese tragende Einsicht rituell erlebbar zu machen. Die kultische Praxis setzte diese Aufwertung der Menschen gestisch um und feierte die erlösende Gegenwart des Göttlichen in Gottesdiensten und Sakramenten. *Drittens* schuf es mit der Bibel, den Glaubensbekenntnissen und den theologisch fundierten Dogmen Formen, die als ideelle Ressourcen das religiöse Lebensgefühl ernährten. *Viertens* verkörperte das Christentum die erlösende Gegenwart Gottes durch Formen des Zusammenlebens, die von Hilfe und Zuwendung bestimmt waren. Die voranschreitende Institutionalisierung mochte die ‹romantischen› Ursprünge abkühlen, sie gab das Ideal der Gemeinschaft jedoch nicht auf, sondern ermöglichte die Ausweitung auf eine stetig größer werdende Anzahl von Christinnen und Christen. Das Christentum des 4. Jahrhunderts war keineswegs die logische Fortentwicklung der Anfänge. Darum ist der Aufstieg auch nicht einfach als eine lineare Erfolgsgeschichte zu lesen. Innerhalb und vor allem auch außerhalb des Römischen Reiches entstanden unterschiedliche Christentümer. Das Christentum legte in der Antike eine erstaunliche Anpassungs- und Wandlungsfähigkeit an den Tag. Dies macht deutlich, dass für das Christentum das Leben in der erlösenden Gottesgegenwart kein Zustand, sondern immer nur eine Aufgabe und eine Entwicklung sein kann.

3. Der Aufstieg im europäischen Mittelalter

Augustinus, der berühmteste Kirchenvater des lateinischen Westens, sah in seinem letzten Lebensjahr die Vandalen an seine stolze römische Bischofsstadt Hippo Regius im heutigen Algerien heranstürmen. Ein Jahr nach seinem Tod im Jahr 430 fiel die Stadt nach langer Belagerung in die Hände Geiserichs. Es war das Ende des Römischen Reichs in Nordafrika. Ein Jahrhundert später zog Justinian, der berühmteste Kaiser Ostroms, in den letzten Jahren vor seinem Tod 565 mit Bußprozessionen durch Konstantinopel. Der Bischof im Westen und der Kaiser im Osten konnten wie so viele ihrer Zeitgenossen im Alter die Welt nicht mehr wiedererkennen, in die sie einst hineingeboren worden waren. Augustinus und Justinian veranschaulichen die Bedeutung des Christentums in der Spätantike. Es stellte gedankliche Möglichkeiten bereit, den Übergang zu begreifen, und garantierte mit der Kraft der Religion Stabilität im radikalen Wandel der Zeiten.

Die Christentümer des frühen Mittelalters

Die Zeit zwischen dem 3. und 8. Jahrhundert wird wegen der vielfältigen Migrationsbewegungen auch als Epoche der Völkerwanderung bezeichnet. Heute weiß man, dass diese «Völker» vor allem mächtige bewaffnete Verbände unter kriegerischen Anführern waren. Fassbar werden die Ereignisse im 4. Jahrhundert mit dem Vordringen der Hunnen aus den eurasischen Steppengebieten nach Westen. Deren Druck löste Bewegungen bei den gotischen Völkern im Nordosten des Römischen Reiches aus. Das weströmische Reich kollabierte im 5. Jahrhundert. An seine Stelle traten Nachfolgereiche der Ostgoten und später der Langobarden in Italien, der Westgoten in Spanien und der Vandalen in Nordafrika. Um 800 entstand unter Karl dem Großen eine größere Reichsbildung, doch blieb sein Frankenreich nicht stabil. Am Ende des Mittelalters bestand Europa aus mehreren Sprach- und Kulturräumen, die in Umrissen die späteren Nationalstaaten Europas zu erkennen geben.

Anders verlief die Entwicklung im oströmischen Reich. Konstantinopel konnte sich in oft schweren militärischen Konflikten auf dem Balkan und im Osten gegen die Perser bis ins 7. Jahrhundert hinein halten. Erst die arabischen Krieger, die den Byzantinern anfangs nur als eines der vielen Völker erscheinen mussten, die sie an ihren Rändern bedrängten, veränderten die Konstellation grundlegend. Das oströmische Reich, das von modernen Historikern auch das byzantinische genannt wird, verlor große Gebiete, konnte sich aber über Jahrhunderte in Kleinasien mit dem Anspruch behaupten, das kulturelle Erbe der römischen Antike in christlichem Gewande weiterzutragen. Ostrom überdauerte Westrom um ein Jahrtausend bis 1453.

Die sichtbarste Kontinuität zum antiken Christentum konnte *erstens* das griechische, byzantinische Christentum für sich in Anspruch nehmen. Justinian I. verkörperte das Erbe Konstantins und die Idee eines christlichen Rom. Er organisierte Militär und Verwaltung straff, vereinheitlichte das römische Recht (Codex Justinianus) und trieb grandiose Bauvorhaben wie die Hagia Sophia an. Das Christentum stellte aber auch Instrumentarien bereit, um mit Erdbeben, Ernteausfällen und einer dramatischen Pestwelle umzugehen. Die Katastrophen wurden als Strafe Gottes gedeutet, durch Buße und Gebet konnte rituell Errettung und Bewahrung erlangt werden. Dies führte zu einer «Liturgisierung der Gesellschaft» (M. Meier, Völkerwanderung, 41), in der Riten in ihrer Feierlichkeit über diese Welt hinaus in die Sphäre des Göttlichen wiesen und so das öffentliche religiöse Leben rahmten.

In Byzanz war man sich der hochentwickelten Zivilisation, von der der Westen lange nur träumen konnte, mit Stolz bewusst und verstand das Reich als Bollwerk gegen die Gefährdungen des Christentums. Die Bewahrung der Rechtgläubigkeit – daher der spätere Name «Orthodoxie» – wurde zum obersten Ziel. Die aufkommenden Spannungen und 1054 schließlich das Schisma mit dem lateinischen Christentum haben oftmals den westlichen Blick auf das byzantinische Christentum getrübt. Dennoch war es im Mittelalter ein wirkungsvoller Versuch, die Grundidee des Christentums zu verwirklichen. Die Byzantiner missionierten in ihrem Einflussbereich die Slawen

Südosteuropas. 988 ließ sich der Großfürst der Rus in Kiew orthodox taufen, nachdem die Lateiner erfolglos um das Volk geworben hatten. 1453 ging Ostrom unter, das byzantinische Christentum lebt jedoch bis heute in den orthodoxen Christentümern weiter.

Das Christentum existierte *zweitens* auch jenseits der östlichen und südlichen Grenzen des Römischen Reichs. Bedingt durch die christologischen Streitigkeiten des 5. Jahrhunderts entfremdeten sich die Miaphysiten, die später polemisch als Monophysiten bezeichnet wurden, von der Reichskirche. Für sie bilden in Christus das Göttliche und das Menschliche eine Einheit *(mia)* oder Natur *(physis)*. Damit wandten sie sich gegen die 451 auf dem Konzil von Chalcedon festgelegte «Zwei-Naturen-Lehre», die das lateinische und griechische Christentum für verbindlich erklärten.

Die Miaphysiten richteten sich vor allem gegen die Nestorianer, für die in Christus die zwei Naturen unvermischt und getrennt existieren. Die Nestorianer bauten in Mesopotamien ein blühendes christliches Leben auf, sie pflegten mit den muslimischen Eroberern, unter deren Herrschaft sie ab dem 7. Jahrhundert standen, einen regen kulturellen Austausch, von dem beide Seiten profitierten. Eines ihrer Oberhäupter, Timotheus I., residierte in Bagdad im Kalifat Harun al-Raschids. Sowohl er als auch andere christliche Würdenträger hatten Zugang zum Hofe des Kalifen und bekleideten hohe Ämter. Die «Kirche des Ostens», wie die Nestorianer genannt wurden, missionierte entlang der Seidenstraße bis nach China, im Südosten bis nach Indien, wo sich mit den Thomaschristen bis in die Gegenwart Folgen ihrer Mission erhalten haben. Aus den Miaphysiten, die traditionell in Ägypten stark vertreten waren, entwickelte sich die koptische Kirche, zudem entstanden schon früh in Nubien christliche Gemeinden. Jahrhunderte später waren die europäischen Missionare der Neuzeit höchst erstaunt, in Indien und Afrika christliche Gemeinden vorzufinden (siehe S. 57). Zunächst wachsender Assimilationsdruck und später eine aggressive Bekehrungspolitik der muslimischen Herrscher, die ihrerseits durch die Mongolenstürme stark unter Druck gerieten, beendeten jedoch in einem schleichenden Prozess das «Goldene Zeitalter» (P. Jenkins) des asiatischen Christentums im Hochmittelalter.

Die lange Zeit fragilste Erscheinungsform war *drittens* das westliche Christentum. Als im Jahr 410 mit Alarich und seinen Goten nach Jahrhunderten erstmals fremde Truppen in Rom einfielen, stand der Vorwurf im Raum, der sich anbahnende Untergang Roms sei die gerechte Strafe für den Abfall von den römischen Göttern. In der Spätantike bestritten Augustinus und sein Schüler Orosius die Untergangstheorie. Orosius wies darauf hin, dass die einfallenden Goten selbst zwar Arianer und damit häretisch, aber doch immerhin Christen waren. Orosius setzte trotz dieser Differenz auf die Kontinuität des Christentums, Augustinus dagegen auf die Kraft der Transzendenz. Er proklamierte in seiner Schrift *De civitate Dei*, meist mit «Gottesstaat» übersetzt, ein universales Ziel, das jenseits der Geschichte liegt. Die Bestimmung der Menschen ist der Gottesstaat, in dem sie bewegt von der göttlichen Liebe frei von Sünde und Schuld miteinander umgehen. Dieses Ziel ragt in alle irdischen Möglichkeiten des menschlichen Zusammenlebens hinein, ist jedoch in keinem irdischen Gemeinwesen (*civitas terrena*) realisierbar. Augustinus' christliche Geschichtstheologie könnte man in dem Motto «Die Welt ist nicht genug» zusammenfassen. Er deutete die Geschichte aus einem religiös begründeten Vorbehalt gegenüber dem Diesseits und vollzog damit einen radikalen Bruch mit der gesamten Denktradition zu Geschichte und Politik in der Antike. Denn die Welt ist nicht der Ort, in dem sich jemals menschliches Glück dauerhaft verwirklichen lässt. *De civitate Dei* wurde zu einer der wirkmächtigsten Geschichtstheologien des Christentums. Beides zusammen, Orosius' Idee der Kontinuität des Römischen Reiches im Christentum und Augustinus' Vorstellung vom jenseitigen Ziel der Geschichte prägten als ideelle Kraftquellen das westliche Christentum.

Missionare, Päpste, Klöster und Universitäten

Der Übertritt des Merowingerkönigs Chlodwig zum römischen Christentum war Anfang des 6. Jahrhunderts für die Christianisierung der Germanen ein folgenreicher Schritt. Er leitete die

Ausbreitung des Christentums nach Norden und Osten ein, die meist von angelsächsischen Missionaren vorangetrieben wurde. Patrick in Irland, Bonifatius in Deutschland oder Kilian und Korbinian in Bayern haben sich bis heute tief im nationalen und regionalen Bewusstsein als Gründergestalten festgesetzt.

Die Christianisierung gewährleistete in der Zeit des radikalen Umbruchs Halt und Stabilität und prägte die kulturelle Entwicklung der westlichen Territorien des Römischen Reichs. Der Zusammenbruch des weströmischen Reiches dezivilisierte vor allem die Regionen nördlich der Alpen in ungeahntem Ausmaß. Einstmals blühende römische Städte wie Mainz oder Köln wurden zerstört, ganze Landstriche entvölkert, die Natur eroberte sich Straßen und Wege, auch Dörfer und Städte zurück. Das Christentum bot im Angesicht der Katastrophen und des Unglücks, das über die Menschen kam, die Aussicht auf eine geheimnisvolle, aber letztlich tragende Ordnung. Mit Christianisierung ist in der Völkerwanderungszeit und dann bis ins Hochmittelalter nicht einfach nur gemeint, dass heidnische Völker und Stämme ihre alten Götter aufgaben und zum christlichen Gott beteten. Es handelt sich um ein weit ausgreifendes Geflecht eines Kulturprogramms, das tief in die Mentalität der Menschen hineinwirkte.

Die Ritualpraxis des Christentums strahlte eine hohe Orientierungskraft aus. Christliche Friedhöfe und Gräber symbolisierten die jenseitige Ruhestatt, Reliquien von heiligen Personen oder heiligen Gegenständen verkörperten die göttliche Gegenwart in einer gottfeindlichen Welt. Im Reich Karls des Großen bündelte eine technokratische und theologisch hoch gebildete Elite diese religiösen Orientierungen in ein umfassendes Kulturprogramm, das vom Kirchenbau über die Verbreitung der Schriftkultur, die Vereinheitlichung der Liturgie und die Organisation der Kirche in Pfarreien bis hin zur Regulierung der Bestattungsriten reichte. Während das byzantinische Christentum durch die Liturgisierung des Lebens Halt bot, indem es die Präsenz Gottes liturgisch zelebrierte, gleicht der westliche Weg einer Inkulturation. Es galt, die Gegenwart Gottes in die Welt hineinzubringen und das alltägliche Leben mit religiösen Kulturformen zu prägen.

Das Christentum stabilisierte im Frühmittelalter die europäische Kultur auch mit den institutionellen Möglichkeiten der Kirche. Der Aufstieg des römischen Bischofs zur prägenden Figur des Papstes ist ein wichtiger Faktor. In Gregor dem Großen wird der Übergang römischer Autorität auf das Papstamt biographisch sichtbar. Als «Musterpapst» führte er am Ende des 6. Jahrhunderts Stadt und Kirche durch die unruhige Zeit der Langobardeneinfälle. Im Hochmittelalter betrieben sowohl juristisch als auch theologisch bestens ausgebildete Kirchenfürsten wie Gregor VII. und Innozenz III. eine grandiose Aufwertung des Papsttums, das damit aber in Konkurrenz zur weltlichen Herrschaft geriet, die der Kaiser symbolisierte. Sprichwörtlich ist der «Gang nach Canossa», der den Sieg des Papstes über den Kaiser zu markieren schien. Heinrich IV. musste sich 1077 vor die norditalienische Burg Canossa begeben, um dort die Aufhebung eines päpstlichen Bannes zu erwirken. Der Sieg Papst Gregors VII. war jedoch nur ein flüchtiger Erfolg. Schon Heinrich IV. konnte das Blatt gegen den Papst wenden. Langfristig setzte sich die weltliche Gewalt des Kaisers gegen das theokratische Modell des Papstes als Weltherrscher durch. Darin liegt bereits im Mittelalter eine Aufwertung des Säkularen, die religiös als Aufgabenteilung zwischen weltlicher und geistlicher Macht begründet wurde.

Erst nachdem das Papsttum im 19. und 20. Jahrhundert fast alle weltlichen Herrschaftsansprüche aufgegeben hatte, konnte es zu höchstem symbolischem und moralischem Ansehen kommen. Ein berühmtes Foto zeigt, wie 2005 George W. Bush als amtierender Präsident der USA, seine Gattin und die ehemaligen Präsidenten George Bush sen. und Bill Clinton vor dem aufgebahrten Leichnam Johannes Pauls II. knien. Der Traum der mittelalterlichen Päpste «Vor dir beugt die Erde sich» ging in Erfüllung, aber ganz anders, als jene gedacht hatten.

Bei der Christianisierung und Zivilisierung Europas hatte die Einrichtung von Klöstern eine herausragende Bedeutung. Das Ideal eines weltabgewandten und gottgeweihten Lebens entstand bereits in der Antike in den Wüsten Syriens und Ägyptens. Einsiedler wollten die Nachfolge Jesu konsequenter praktizieren, als dies ein Leben «in der Welt» zuließ. Attraktiv war das Ideal auch in Byzanz, wo das Mönchtum im kirchlichen Leben eine wichtige Rolle spielte. Im westlichen Christentum verband Benedikt von Nursia (ca. 480–560) in seiner Ordensregel soldatische Disziplin mit einer frommen Lebensweise. Dazu zählte ein geordneter Tagesablauf, der nach liturgisch gestalteten Gebetszeiten geregelt wurde. Gehorsam, Besitzlosigkeit und Keuschheit galten als die vornehmsten Tugenden der Mönche, die Benedikt über die religiösen Pflichten hinaus aber auch zu körperlicher Arbeit anhielt.

Die Klöster wurden zur Wiege der abendländischen Kultur. In ihren Skriptorien und Bibliotheken wurden Klassiker der Antike und die Kirchenväter durch Abschriften vervielfältigt. Von den frühen Klostergründungen aus wurde das Land urbar gemacht, und verfallene Ruinen wurden von der Natur zurückerobert. Im Hochmittelalter war die landwirtschaftliche Produktivität der Klöster ein wichtiger Handelsfaktor. In der burgundischen Abtei Cluny gelangte die benediktinische Klosterkultur im 11. Jahrhundert zu ihrem glanzvollen Höhepunkt mit einem reichen liturgischen Leben. Das Kloster war lange für Frauen und Männer ein attraktives Ideal christlicher Lebensführung und Kulturgestaltung. Die Bettelorden des Hochmittelalters, die von Dominikus und Franziskus im 13. Jahrhundert gegründet wurden, gaben der monastischen Bewegung, aber auch der christlichen Spiritualität im Ganzen neue Impulse, indem sie sich auf die einfachen Regeln von Keuschheit, Armut und Gehorsam zurückbesannen und ihre Ordensmitglieder bevorzugt im städtischen Milieu zur Verkündigung und Predigt einsetzten.

Im 11. Jahrhundert begann eine neue Blütezeit der Städte und der Bildung, die den Aufstieg Europas einleitete. Die Migrationsschübe, die sich bis um die Jahrtausendwende durch Einfälle der Normannen, Magyaren und Sarazenen fortsetzen, konnten befriedet oder abgewehrt werden, technische und landwirtschaftliche Fortschritte garantierten stabilere Lebensverhältnisse, die Europa aus Wildnis, Kälte und Mangel herausführten. Anselm von Canterbury (1033–1109), der seine profunde Ausbildung in einem Benediktinerkloster erhielt, machte den «Glauben, der nach Einsicht sucht» (*fides quaerens intellectum*), zur Aufgabe der Theologie. Mit dem Aufstieg der Städte wanderte die theologische Ausbildung von den Klöstern an die Kathedralschulen. Auch für die Verwaltung und Rechtspflege sowie für die Ausbildung von Ärzten entstanden Schulen in den Städten. Diese wurden erstmals in Italien im 11. Jahrhundert mit eigenen Rechten und eigener Selbstverwaltung ausgestattet. Darum steht Bologna, wo 1088 die erste Rechtsschule etabliert wurde, für die Geburt der europäischen Universität. Für die Theologie, die zusammen mit dem Studium der Rechte und der Medizin zu den drei oberen Fakultäten zählte, wurde Paris zur wichtigsten Universität des Mittelalters. Die theologische Ausbildung folgte einem umfangreichen Lehrplan, der die Studenten darin unterwies, aus dem Abwägen des Für und Wider im Gespräch mit der Tradition ihr eigenes theologisches Urteil zu bilden. Die Werke mittelalterlicher Theologen wie Thomas von Aquin, Bonaventura, Meister Eckhart, Duns Scotus oder Wilhelm von Ockham zählen in ihrem Scharfsinn und ihrer Klarheit zum Großartigsten, was das Christentum in seiner Denktradition hervorgebracht hat. Sie sind den in Stein gemauerten Kathedralen des Mittelalters ebenbürtige Bauwerke des Denkens.

Die Schattenseiten des Mittelalters

Das Mittelalter ist ein großer und heller Kulturaufbruch des Christentums. In den Kreuzzügen und der Inquisition zeigten sich jedoch die Schattenseiten, die später den einseitigen Ruf des dunklen Mittelalters begründeten. Die ersten Kreuzzüge vom späten 11. bis zum frühen 13. Jahrhundert entstanden aus vielen Motiven. Volksfrömmigkeit, der Anspruch auf die heiligen Stätten in Jerusalem, der Ritus der Wallfahrt und die Theorie des Heiligen Krieges verknüpfen sich zu einer Kreuzzugsideologie. Sie gebot den Kreuzfahrern als heilige Pflicht, Jerusalem aus den Händen muslimischer Herrscher zu befreien, und gewährte dafür Sündenvergebung und Ablass. Zweihundert Jahre lang geisterte die Kreuzzugsidee mitsamt ihren Gewaltausbrüchen durch Europa.

Die Inquisition kam etwa gleichzeitig mit der Kreuzzugsidee im Hochmittelalter auf und diente vor allem der Bekämpfung der Ketzer. Häretiker gab es, seit das Christentum besteht, doch im Mittelalter wurde die Aggression gegen Abweichungen von der offiziellen Lehre juristisch systematisiert und in einem neuartigen Gerichtsverfahren, dem Inquisitionsprozess, geregelt. Die Folter galt dabei bis in die Frühe Neuzeit als legitime Methode der Wahrheitsfindung. Berüchtigt sind die Spanische Inquisition, die sich seit dem späten 15. Jahrhundert gegen getaufte Juden und Muslime richtete, die angeblich heimlich an ihrem alten Glauben festhielten, sowie die 1542 gegründete Römische Inquisition, die sich gegen die Reformation, aber auch gegen neue naturwissenschaftliche Weltbilder richtete, etwa gegen Galileo Galilei oder Giordano Bruno, der 1600 in Rom als Ketzer verbrannt wurde. Ketzerverfolgung ist bis in die Neuzeit hinein in allen Konfessionen eine traurige christliche Praxis, erst die Aufklärung führte das Christentum zu sich selbst und seinen auf Frieden ausgerichteten Wurzeln zurück.

4. Aufbrüche in die Moderne

Es scheint ein ehernes Gesetz zu sein, dass Erfolg zu Erstarrung führt. Die stetig wachsenden Organisationsgrade der Kirche erzeugten einen abgehobenen Klerus. Die lange glänzende Theologie verharrte in Formalität und fand immer schwerer den Weg zur persönlichen Frömmigkeit. Das Mittelalter hat jedoch auch viele lebendige Bewegungen hervorgebracht, die aus der Erstarrung ausbrachen und dem Christentum neue Lebenskraft einflößten. Die Mystik, insbesondere die Frauenmystik, schenkte der Gotteserfahrung der Menschen besondere Aufmerksamkeit (siehe S. 62 f.), Franz von Assisi begründete eine Spiritualität tätiger Nächstenliebe und Naturverbundenheit (siehe S. 102 f.), ein Buch wie *Nachfolge Christi* des Thomas von Kempen machte im 15. Jahrhundert die Kraft des Christentums deutlich, durch geistlichen Trost praktischen Lebensrat zu geben.

Die Entwicklungen im Spätmittelalter zeigen, dass sich die Botschaft des Christentums selbst in der Ausbildung einer christlichen Hochkultur mit stabilen, verlässlichen und erfolgreichen Formen nicht erschöpfen kann. Der Auftrag, die erlösende Gegenwart Gottes in der Welt zu leben, treibt das Christentum immer wieder selbst über seine Gestalt hinaus. Aufbrüche sind darum ein essentieller und notwendiger Faktor in der Geschichte des Christentums.

Das neue Selbstbewusstsein der Renaissance

Die Kraft, die religiösen Ideen des Christentums in die Kultur hinein zu übersetzen, gelangte in der Renaissance zu einem Höhepunkt. Die von Italien ausgehende Bewegung wertete Kunst, Musik, Dichtung und Architektur als religiöse Vermittlungsformen auf. Der Aufbruch der Renaissance leitete religiöse Entwicklungen ein, die bis weit in die Moderne wirkten.

Der italienische Dichter Petrarca (1304–1374) schildert, wie ihn die weltfremde und seinem Anschein nach bloß formale Universitätstheologie seiner Zeit nicht mehr ansprach. Er rückte die Kontemplation und das Individuum, das über sein Leben nachdenkt, ins Zentrum der religiösen Praxis. Philosophen und Theologen folgten vor allem in Italien diesem Weg und fanden in der Rückbesinnung auf antike Autoren wichtige Impulse. Sie schmiedeten aus platonischem und christlichem Denken eine Auffassung, die dem neu erwachten Selbstbewusstsein der Menschen über ihre Rolle in der Welt ein glänzendes philosophisches Gewand verlieh. Der am Hofe der Medici in Florenz wirkende Arzt, Priester und Philosoph Marsilio Ficino (1433–1499), Lehrer Michelangelos, Raffaels und anderer Renaissancekünstler, sprach von einem besonderen Adel der menschlichen Seele, die Gott an der Schnittstelle zwischen Geist und Materie positionierte. Sein Schüler Pico della Mirandola (1463–1494) leitete daraus den Auftrag ab, dass der Mensch als freier Gestalter seiner selbst zum Göttlichen berufen sei. Das wirkte tief in das Menschenbild der Moderne hinein, das in der Renaissance seine Wurzeln hat. Das christliche Erneuerungsprogramm der Renaissance wurde jedoch sehr bald von den religiösen Erdbeben verschüttet, die Europa für die kommenden zwei Jahrhunderte erschütterten.

Die Reformation als Revolution

Die Reformbedürftigkeit der Kirche war im Krisenbewusstseins des Spätmittelalters ein Dauerthema. John Wyclif (1330–1384) und Jan Hus (1370/72–1415) sind namhafte Exponenten der Bewegungen, die mit einer Rückbesinnung auf die biblische Tradition Reformen forderten, um vermeintliche Missstände im Klerus und im religiösen Leben der Kirche zu beseitigen, etwa den Ablasshandel oder eine übertriebene Heiligenverehrung. Reformation ist ein Sammelbegriff für die Umwälzungen, die dann im 16. Jahrhundert einsetzten. Sie bedeuten die größte Revolution in der Geschichte des Christentums.

Zum Symbol des Aufbruchs wurde Martin Luthers Thesenanschlag an der Schlosskirche zu Wittenberg am 31. Oktober 1517. Martin Luther (1483–1546) trat gegen den Wunsch seines Vaters als junger Mann in ein Augustinerkloster ein, brachte es im Theologiestudium und im Orden zu Ansehen und bekleidete ab 1512 eine Professur für die Auslegung des Alten und Neuen Testaments an der jungen Universität Wittenberg. Als Resultat biblischer Gelehrsamkeit, aber auch existentieller Kämpfe brach in ihm die Einsicht durch, dass Gott den Menschen das Heil allein aus Gnade schenke. Die als Rechtfertigung bezeichnete Fassung der Gnadenlehre steht im Zentrum der Theologie Luthers. Im Herbst 1517 richtete er sich mit 95 Thesen gegen den ausufernden Ablasshandel, mit dem die Kirche religiöse Bedürfnisse finanziell instrumentalisierte. Luther warb dagegen für die Rückkehr zur Buße als grundlegender christlicher Lebenshaltung und nannte dafür biblische Gründe. Die Thesen sind kaum als aufrührerisches Manifest zu lesen, dennoch wirkten sie wie der Funke im Pulverfass. Luther gab einer weit verbreiteten Unzufriedenheit über ein falsches, seine eigenen Ideale verratendes Christentum eine Stimme. Sie fand religiösen Anklang und weckte politische Interessen. Denn Luthers Kritik befeuerte den dauerhaft schwelenden Konflikt zwischen Kirche, Kaiser und deutschen Fürsten. Seine Popularität verdankt er der damals neuen Technik des Buchdrucks, die für eine rasche Verbreitung seiner Schriften sorgte. Die Reformation war auch ein Medienereignis.

Auf den Thesenanschlag folgten theologische Auseinandersetzungen, die öffentliches Interesse fanden. In den Turbulenzen gelang Luther mit kleineren Traktaten der theologisch größte Wurf der werdenden Reformation. In der Abhandlung *Von der babylonischen Gefangenschaft der Kirche* kritisierte er das Selbstverständnis der Kirche als Vermittlerin des Heils. In den Sakramenten handle allein Gott, nicht die Kirche, die nur Dienerin und nicht Anstalt der göttlichen Gnade sei. Die befreiende Kraft der Christusbeziehung stellte der Traktat *Von der Freiheit eines Christenmenschen* heraus. Die Schrift *An den christlichen Adel deutscher Nation von des christlichen Standes Besserung* warb bei den politischen Machthabern für die Umsetzung des Reformprogramms und wertete theologisch die Laien stark gegenüber dem Amtspriestertum auf. Der Riss zwischen den unterschiedlichen Glaubensauffassungen vertiefte sich und führte zur Exkommunikation Luthers. Ab den Zwanzigerjahren begann die Ausbildung eigenständiger evangelischer Kirchenstrukturen. An deren Gestaltung beteiligte sich Luther, aber auch Philipp Melanchthon, sein Wittenberger Professorenkollege. Vor allem ihm ist es zu verdanken, dass der deutsche Protestantismus nachhaltig vom Bildungsprogramm des Humanismus geprägt wurde.

Die Zwanzigerjahre zeigten allerdings auch, dass Luther die Geister, die er rief, nicht bändigen konnte und wollte. Die Botschaft der Freiheit fand vielfältige Aufnahme. Die Bauern beriefen sich in ihrem Kampf gegen Leibeigenschaft und Abgabenlast auf Luther, der sich aber energisch gegen diese politische Interpretation wehrte. Der Aufstand wurde 1525 blutig niedergeschlagen. Es entstanden religiöse Strömungen, die aufgrund der von Luther proklamierten Unmittelbarkeit der Gottesbeziehung die Kirche als Institution und das Priesteramt ablehnten. Sie warben stattdessen für ein reines, im Alltag konsequent praktiziertes Christentum. Luther bekämpfte die Anhänger dieses «linken» Flügels der Reformation als Spiritualisten und Schwärmer. Einen möglichen Schulterschluss mit der humanistischen Bewegung, der er als akademischer Bibelausleger einiges zu verdanken hatte, lehnte er in der Auseinandersetzung mit Erasmus von Rotterdam ab. Der Schweizer Reformation stellte er sich im

Verständnis des Abendmahls entgegen. Anders als Zwingli nahm Luther an, dass Christus in Brot und Wein real präsent sei. Damit waren bereits in den Anfängen die Weichen für die künftige Fragmentierung des Protestantismus gestellt. Luther gilt bis heute als die Ikone der Reformation, er symbolisiert den Aufbruch und gab ihm mit seiner frühen Theologie entscheidende Impulse. Als europäisches Ereignis wuchs die Reformation jedoch bald weit über ihn hinaus. Luther ist eine Figur des Aufbruchs, nicht der Integration.

In den deutschen Territorien stellte sich bald eine Pattsituation zwischen Lutheranern und Katholiken ein. Sie konnte weder juristisch auf den Reichstagen noch militärisch durch die jeweiligen Bündnisse entschieden werden. Der Augsburger Religionsfriede von 1555 gestand unter dem Motto *Cuius regio, eius religio* den Landesherren das Recht zu, die Religionspraxis in ihrem Territorium festzulegen. Damit war die konfessionelle Spaltung des Deutschen Reiches besiegelt.

Zur Durchsetzung reformatorischer Anliegen und zum Aufbau eigener Kirchenstrukturen kam es auch in der Schweiz. Huldrych Zwingli (1484–1531) verband in Zürich Anliegen seiner humanistischen Lehrer mit der Zurückdrängung altgläubiger Religionspraktiken wie der Heiligen- und Bilderverehrung. Nach Zwinglis Tod stieg in den folgenden Jahren Johannes Calvin (1509–1564) zur führenden Gestalt auf. Als ausgebildeter Jurist verband er eine klare Theologie mit einem hohen Anspruch an die Umsetzung christlicher Moralvorstellungen im Alltag. Er ließ in Genf den Gottesdienstbesuch kontrollieren und Tanz, Theater und öffentliche Vergnügungen verbieten. Diese rigide Religionspolitik stieß bei den Genfer Bürgerinnen und Bürgern mehrfach auf Widerstand, setzte sich aber letztendlich durch.

International übte das reformierte Christentum große Anziehungskraft aus und fand bald Anhängerinnen und Anhänger in Ungarn, Frankreich, den Niederlanden, England und später in den nordamerikanischen Kolonien. Aber auch lutherische Landesfürsten des Deutschen Reiches begeisterten sich für die Ideen der Reformierten. Sie versprachen sich davon eine stärkere Modernisierung ihres Staatswesens und eine konsequentere geistige und soziale Disziplinierung ihrer Untertanen. Die Hinwendung zum reformierten Bekenntnis wird darum auch als «Zweite Reformation» bezeichnet.

Die Ideen der Spiritualisten setzten sich bei den Täufern und anderen Bewegungen fort. Da sie von den staatlich geduldeten Mainstream-Konfessionen abwichen, wurden sie in Europa zunächst verfolgt und fanden ab dem 17. Jahrhundert ebenfalls in den nordamerikanischen Kolonien eine Heimstatt. Max Weber und Ernst Troeltsch wiesen hellsichtig darauf hin, dass die Reformation die Entstehung der modernen Welt vor allem in ihren reformierten und spiritualistischen Varianten beeinflusst hat.

In England und Frankreich führte die Reformation zu blutigen Bürgerkriegen. In England setzte sich am Ende der Anglikanismus durch, eine Form des protestantischen Christentums, die rituell stark an die katholische Praxis angelehnt ist, in Lehre und Glauben hingegen mehr reformierte als lutherische Elemente aufnimmt. In Frankreich fassten Calvins Ideen zunächst erfolgreich Fuß, vor allem im Südwesten. In den Hugenottenkriegen seit 1562 ging es auch um dynastische Fragen und Privilegien des Adels. In der Bartholomäusnacht, dem traurigen Höhepunkt, wurden im August 1572 Tausende Protestanten ermordet. Das Toleranzedikt von Nantes (1598) führte zu einer sehr fragilen Duldung, unter Ludwig XIV. kam es zu einem De-facto-Verbot und einer großen Welle von hugenottischen Flüchtlingen in Europa.

Die Ideen der Reformation verbreiteten sich auch in Südeuropa und in den habsburgischen Territorien des Kaisers, wurden dort aber durch die Inquisition und andere Maßnahmen der Gegenreformation hart unterdrückt. Dennoch änderte sich auch der Katholizismus im Zuge der Reformation. 1545 trat in Trient ein Konzil zusammen, das die theologische Verständigung mit den Protestanten erreichen sollte. Da keine protestantischen Theologen anreisen konnten, kam dem Konzil eine ganz andere Funktion zu. Es formte in berühmten Dekreten Grundzüge einer Theologie, die auf die protestantischen Einwände reagierte und eine katholische Position erarbeitete, die das Verständnis von Schrift und Tradition, von Gnade und von der Bedeutung der Kirche und der Sakramente entfaltete. Zudem entwarf es praktische Regelungen, die Rolle und Lebenswandel der Bischöfe, aber auch die Bedeutung der Kunst für die religiöse Praxis bestimmten. Das bis 1563 tagende Konzil von Trient gilt als Geburtsstunde des römischen Katholizismus der Neuzeit.

Die Reformation führte zu einer Rückbesinnung des Christentums auf seine Quellen, auch im Katholizismus. Religion wurde als grundlegendes Thema aufgewertet, Bibelübersetzungen, Katechismen und öffentliche Debatten bedeuteten immense Bildungsaufbrüche, in denen weit über den Klerus hinaus auch Laien mitgenommen wurden. Die theologischen Debatten führten allerdings im Laufe des 16. und 17. Jahrhunderts zu einer starken Dogmatisierung der Lehre, zu unnötigem theologischem Gezänk, zu harten konfessionellen Frontstellungen und zu einer Zersplitterung des westlichen Christentums. Dass der Konfessionalismus sich mit Gewalt vermengte und bereitwillig politisch instrumentalisieren ließ oder lassen musste, um zu überleben, gehört zu den tragischen Seiten der Reformation. Sie entlud sich in Religionskriegen, die Europa fast zweihundert Jahre im Würgegriff hielten.

Das Licht der Aufklärung

Die Neuzeit begann in der gesellschaftlich und religiös finsteren Eiszeit des 17. Jahrhunderts. Die Territorien des Deutschen Reiches, denen im 16. Jahrhundert durch den Augsburger Religionsfrieden zunächst weiter ausgreifende Religionskriege erspart blieben, versanken im Dreißigjährigen Krieg (1618–1648) in einem verheerenden Krieg, der starke religiöse Motive hatte und in manchen Landstrichen bis zu einem Drittel der Bevölkerung das Leben kostete. Hinzu kam ein grassierender religiöser Irrationalismus. Die Klimageschichte macht deutlich, dass die als «Kleine Eiszeit» bezeichnete Abkühlung des Klimas im 17. Jahrhundert weitreichende Auswirkungen auf das Alltagsleben hatte. Missernten, Hunger und erhöhte Anfälligkeit für Epidemien brachten Gefährdungen, die sich in pogromartigen religiösen Handlungen entluden. Nicht etwa im Mittelalter, sondern in der Frühen Neuzeit gelangte die Hexenverfolgung an ihren Höhepunkt.

Diese Finsternis erklärt, warum die europäische Kultur ihren großen Aufbruch in der Neuzeit mit Metaphern des Lichts rühmt. Ihre Wurzeln liegen im Zeitalter der Religionskriege. Der englische Philosoph Thomas Hobbes (1588–1679) beschrieb unter dem Eindruck der englischen Bürgerkriege die Menschen als aggressive Raubtiere (*Homo homini lupus*, «der Mensch ist dem Menschen ein Wolf»), die voreinander nur geschützt werden können, wenn sie in einem symbolischen Gesellschaftsvertrag alle Macht einem starken Souverän übertragen. Der Niederländer Hugo Grotius (1583–1645), der sich sein Leben lang den Nachstellungen orthodoxer Calvinisten ausgesetzt sah, nahm Impulse aus der Renaissance auf und propagierte ein für alle Menschen geltendes Naturrecht, das auch zur Grundlage eines allgemeinen Völkerrechts werden sollte. So unterschiedlich Hobbes und Grotius in ihren Auffassungen waren, beiden gemein sind Staats- und Rechtsbegründungen, die ohne übernatürliche Legitimationen auskommen. Die unversöhnlichen, sich gegenseitig die Wahrheit absprechenden theologischen Positionen der Konfessionskrieger verlangten nach einem dritten, unabhängigen Weg der Legitimation. Der Westfälische Friede, der 1648 den Dreißigjährigen Krieg beendete, ist eine erste Andeutung dieses neuen Legitimationsverfahrens. Es waren Juristen, nicht Theologen, die den verhängnisvollen Krieg beendeten.

Das staatsrechtliche Denken, das bereits bei Hobbes und Grotius aufleuchtete, ist eine der wichtigsten Säulen der Aufklärung. John Locke (1632–1704) und der Baron de Montesquieu (1689–1755) entwarfen Modelle einer nach vernünftigen Prinzipien organisierten Herrschaft. Ihre Idee der Gewaltenteilung prägt bis heute demokratische Staatsformen. Voltaire (1694–1778) brachte die Justizmorde, die in Frankreich noch in den Sechzigerjahren des 18. Jahrhunderts an religiös Andersdenkenden verübt wurden, vor die Öffentlichkeit und propagierte die Idee der Toleranz. Jean-Jacques Rousseau (1712–1778) knüpfte an die Vertragslehre an und gründete das Gemeinwesen auf einem ideellen Gesellschaftsvertrag, dessen Bürgerinnen und Bürger von Geburt an gleich und frei seien. All diese Ansätze haben gemeinsam, dass sie die religiöse Begründung von Herrschaft delegitimierten und an ihre Stelle Prinzipien setzten, die vernünftig überprüfbar sein sollten.

Als Immanuel Kant (1724–1804), Deutschlands berühmtester Aufklärungsphilosoph, geboren wurde, fanden in Deutschland die letzten Hexenprozesse statt. Das unterstreicht, welche Befreiung die Aufklärung bedeutete. Kant untersuchte, wie weit Menschen mit der Kraft ihrer Vernunft in der Erkenntnis der Welt kommen können, wo ihre Grenzen liegen und was sich daraus für ihr Handeln ergibt. Dabei hat er auch die Leistungskraft der Religion neu vermessen. Ihre dogmatischen Aussagen über Gott und die Welt übersteigen, was die Vernunft wissen kann, als affektive Bekräftigung ist die Religion hingegen wertvoll, wenn sie den Appell der Vernunft, das moralisch Richtige und Gute zu tun, unterstützt. Kant hat damit die moderne Umgestaltung des Christentums stark beeinflusst.

Die Aufklärung drang tief hinein in die Lebenswirklichkeit der Menschen. Alphabetisierungskampagnen, aufblühender Handel, verbesserte landwirtschaftliche Produktionsmöglichkeiten und Erfolge in der Bekämpfung von Krankheiten führten zu einem Fortschrittsoptimismus. Folgenreich war der Siegeszug der Vernunft vor allem in der Naturerkundung. Die römische Kurie machte Galileo Galilei 1633 den Prozess, weil er die Einsichten des Kopernikus weiterführte, dass sich die Erde um die Sonne drehe. In einer demütigenden Geste musste er seinen Theorien abschwören. Am Ende soll er gemurmelt haben: «Und sie bewegt sich doch.» Galilei behielt recht, der vermeintliche Triumph der Inquisitoren verkehrte sich in die größte weltanschauliche Niederlage des Christentums. Das Festhalten an einem überkommenen Weltbild gegen alle Evidenz liegt bis heute als schwere Last auf der Glaubwürdigkeit religiöser Weltauffassungen.

Entgegen einem verbreiteten Klischee gab es im Protestantismus und auch im Katholizismus namhafte Vertreter, die sich für ein aufgeklärtes Christentum interessierten. Die wechselhafte Kirchenkarriere Johann Michael Sailers (1751–1832) steht für das spannungsreiche, aber eben auch nicht einfach nur negative Verhältnis des Katholizismus zur Aufklärung. Der spätere Bischof von Regensburg war vor allem in seiner pastoraltheologischen Lehre offen für Gedanken der Aufklärung. Auf protestantischer Seite gilt Johann Salomo Semler (1725–1791) als Begründer der historisch-kritischen Bibelwissenschaft. Er unterschied zwischen einem privaten, innerlichen Glauben und dem, was die Kirche öffentlich zu lehren habe. Johannes Joachim Spalding (1714–1804) entwickelte ein intellektuell redliches Programm christlicher Religiosität, das ohne Rückgriff auf übernatürliche Offenbarungen und Autoritäten auskommen sollte.

Sowohl der Deutsche Idealismus als auch die Romantik haben versucht, Impulse der Aufklärung aufzunehmen und doch vermeintliche Einseitigkeiten zu überwinden. Die Philosophen Fichte, Hegel und Schelling mühten sich an Kant und dessen Vernunftkritik ab und versuchten, durch den Rückgriff auf ein Absolutes die Wirklichkeit zu einer letzten Einheit zu führen. Interessant – und folgenreich – ist daran, dass alle drei daran arbeiteten, christliches Gedankengut mit den Mitteln des philosophischen Begriffs zu transformieren und auf diese Weise christliche Vorstellungen wie Menschwerdung und Erlösung neu zu denken. Die Romantiker, die in ihrer Frühphase stark vom idealistischen Denken beinflusst waren, zielten darauf, die ausschließliche Betonung der Vernunft zu überwinden. In ihrem Rekurs auf das Gefühl als authentischen Modus der Welterschließung griffen sie auf, was Denker der Aufklärung wie Rousseau oder Spalding selbst schon angedeutet hatten. Anders als die Philosophen des Idealismus setzten sie dabei jedoch auf Literatur, Poesie, Kunst und Musik als bevorzugte Ausdrucksformen des inneren Erlebens. Sie erreichten damit eine Aufwertung des Vagen und Uneindeutigen. Den Sinn für das Geheimnisvolle der Welt und des Lebens zu wecken und wachzuhalten ist nach Überzeugung der Romantiker das besondere Kennzeichen der Religion.

Aufklärung, Idealismus und Romantik haben das Christentum elementar umgeformt. In allen drei Bewegungen scheint die Kraft durch, die christliche Religion nicht allein an die Last ihrer eigenen Tradition zu binden, sondern in neuen Formen in der je eigenen Gegenwart zu leben. Friedrich Daniel Ernst Schleiermacher (1767–1834) wurde zu einer exemplarischen Gestalt des Umbruchs. Er übernahm Ideen der Aufklärung, beteiligte sich an den Debatten der Idealisten, verkehrte im Kreis der Romantiker und setzte deren Anliegen theologisch um. Die produktive Verbindung dieser drei Einflüsse macht ihn zu einem Kirchenvater des modernen Protestantismus.

Die Erweckung der Frommen

Als «Erweckung» werden Aufbrüche innerhalb des Christentums bezeichnet, die sich von den durch Aufklärung und Romantik angestoßenen Entwicklungen abgrenzten, weil sie deren Transformation christlicher Gehalte als Verfremdung zurückwiesen. Ihren eigenen Auftrag beschrieben sie häufig mit dem Bild des «Aufwachens» oder des «Weckrufs» – daher der Name «Erweckung». Sie fühlten sich zu einer tatkräftigen Erneuerung des eigentlich Christlichen berufen, das sie mit der als zeitlos gültig verehrten biblischen Botschaft identifizierten.

Die Wurzeln dieser Bewegungen reichen in das Zeitalter der Reformation zurück und nahmen bei den englischen Puritanern im 17. Jahrhundert und im deutschen Pietismus im 17. und 18. Jahrhundert konkrete Gestalt an. Beide Bewegungen kennzeichnet, dass für sie das Projekt der Reformation noch nicht zu Ende war. Das Christentum sollte der Welt nicht dogmatische Richtigkeit, sondern ein reines – daher der Name Puritaner – und frommes Leben – darum heißen sie Pietisten – bringen.

Der Gründungsvater des deutschen Pietismus, Philipp Jakob Spener (1635–1705), forderte in seiner Programmschrift *Pia Desideria* ein konsequent christliches Leben. Sein Schüler und Freund August Herrmann Francke (1663–1727) setzte dafür ein Bekehrungserlebnis voraus und machte damit die Bekehrung zu einem zentralen Thema der Erweckungsbewegungen. In Halle gründete er ein Waisenhaus und rief ein Schulprogramm ins Leben. Diese lebenspraktische Seite ist kennzeichnend für den Pietismus. Nikolaus Ludwig Graf von Zinzendorf (1700–1760) setzte in seiner Herrnhuter Brüdergemeine auf eine innige Jesusfrömmigkeit und eine am Freundschaftsideal ausgerichtete Form der christlichen Gemeinschaft.

Die Internationalität der Erweckung war von Anfang an eine ihrer Stärken. John Wesley (1703–1791) geriet als junger anglikanischer Geistlicher auf dem Weg in die Kolonien Neuenglands in einen schweren Sturm. Mit Bewunderung stellte der seekranke und besorgte Engländer fest, dass eine Gruppe Herrnhuter Auswanderer frohgemut Choräle sang. Sowohl die tiefe Herzensfrömmigkeit als auch die freundschaftlich-egalitären Gemeindestrukturen der Herrnhuter prägten Wesley. Schon vor seiner Überfahrt trug die fromme Alltagsdisziplin seinem Kreis die Bezeichnung «Methodismus» ein, die zunächst spöttisch gemeint war. Nach seiner Rückkehr aus Amerika wurde Wesley in seiner Heimat einer der populärsten Prediger. Sein Programm orientierte sich an dem Ideal eines reinen Christentums, das tief in die Alltagserfahrung der Menschen hineinwirken sollte. Er teilte Luthers Botschaft von der Rechtfertigung des Menschen allein aus Gnade, verknüpfte sie jedoch eng mit dem Ideal der Heiligung. Darunter verstand Wesley die innere Umkehr und die dann nach außen in Lebenswandel und frommen Taten sichtbar werdende göttliche Erlösungsgnade. In der aufkommenden Industrialisierung fand Wesley mit seinen Projekten der Sozialfürsorge viele Anhängerinnen und Anhänger, in der Ablehnung der Sklaverei war er seiner Zeit voraus. Nach seinem Tod führten die latenten Spannungen zwischen Wesleys sozialprogressivem Ansatz und der anglikanischen Amtskirche zum offenen Bruch. Im 19. Jahrhundert entwickelte sich der Methodismus in England und vor allem in den USA zu einer der stärksten christlichen Denominationen.

Der presbyterianische Geistliche Jonathan Edwards (1703–1758), der zu einer der wichtigsten Gestalten des ersten *Great Awakening* in Nordamerika wurde, war in seinen frühen Jahren von den methodistischen Predigern in den USA tief beeindruckt. Er verknüpfte das Ideal einer konsequent christlichen Lebensführung, das er von seiner calvinistischen Herkunft kannte, mit der zuversichtlichen Tatkraft der englischen Aufklärer und dem feinen Gespür für die aufwühlenden Energien religiöser Gefühle. Für die amerikanische Religionsgeschichte ist Jonathan Edwards eine Schlüsselgestalt, weil in ihm noch beides vereint nebeneinander steht, was dann später in verschiedene Strömungen auseinanderfiel: der Optimismus und die Tatkraft der Aufklärung einerseits sowie der Appell an die Innerlichkeit und Reinheit einer christlichen Lebensführung andererseits.

Die frühen Erweckungsbewegungen eint, dass sie allesamt die ethische Ausrichtung des Christentums vorantrieben und sich darin als legitime Fortführung der Reformation verstanden. Der christliche Glaube bewirkt tätige Nächstenliebe, Religion ist darum Kulturgestaltung, die von dem Ideal des Reiches Gottes lebt. Erweckung ist auch energische Modernisierung des Christentums. Die Dogmatisierung wird zugunsten der religiösen Mündigkeit des inneren Erlebens zurückgedrängt. Religion ist Überzeugung im Herzen und im Tun. An Jonathan Edwards zeigt sich exemplarisch, dass es in der frühen Phase nicht leicht fällt, strikt zwischen den Anliegen der Aufklärung und der Erweckung zu unterscheiden. Erst später wurden daraus unterschiedliche, manchmal sogar unversöhnliche Strömungen des westlichen Christentums. Der Unterschied ist in einem anderen Verständnis der Inkulturation des Christlichen begründet. Der aufgeklärt-liberale Weg plädiert dafür, die christlichen Motive in die Kultur hinein zu übersetzen und damit zu transformieren, der biblisch-traditionsbewusste versteht die biblischen Aussagen als das Eigentliche des Christentums, das es wiederzugewinnen und in der Welt zu erneuern gilt.

5. Die Transformation im 19. Jahrhundert

Die Französische Revolution ist eine Zeitenwende der europäischen Kultur. Das 1789 eingeleitete Ende des Ständestaats bedeutete auch für das Christentum eine Zäsur. In der zunehmenden Radikalisierung entlud sich in den berüchtigten Septembermorden des Jahres 1792 der lange aufgestaute Hass auf den Klerus in roher Gewalt gegen Priester, Mönche und Nonnen. Nach eineinhalb Jahrtausenden wurden in Europa wieder Christinnen und Christen verfolgt. Ab 1793 begannen die Jakobiner eine radikale Politik der Entchristianisierung. 1798 marschierten die Revolutionstruppen aus Ärger über die antirevolutionäre Agitation des Papstes kurzerhand in Rom ein und setzten Pius VI. fest. Er starb ein Jahr später im französischen Zwangsexil. Vordergründig könnte es scheinen, als wäre man 1815 unter der proklamierten Heiligen Allianz der Siegermächte gegen Napoleon wieder in die alte Welt zurückgekehrt, wenn etwa kirchliche Traditionen wieder aufgenommen wurden oder der Kirchenstaat unter der Herrschaft des Papstes wieder eingesetzt wurde. Was als Fortführung der Tradition oder Kontinuität erschien, war jedoch etwas Neues. Das Christentum war nicht mehr der selbstverständliche weltanschauliche Rahmen eines Gemeinwesens, es wurde zu einer Option unter mehreren und musste als solche bewusst *gewollt* und gestaltet werden.

In der Pluralisierung der Weltanschauungen traten im 19. Jahrhundert vor allem zwei neue Modelle ans Licht. Ludwig Feuerbach, Karl Marx, später dann Friedrich Nietzsche und Sigmund Freud fügten die Ansätze eines theoretischen Atheismus, die in der Aufklärung aufgekommen waren, mit einer Kritik der Kirche zu einer umfassenden Religionskritik zusammen. Religion, so der Grundtenor, ist eine Projektion, in die Menschen sich vor der Härte der Wirklichkeit hineinflüchten. Sie betrügen sich damit selbst oder werden betrogen, um still ihr Los zu ertragen, anstatt an der Verbesserung ihrer Lebensumstände zu arbeiten. Der Zweifel an einem tieferen Sinn der Welt ist ein Bestandteil des modernen Lebensgefühls. Darum muss sich jede Religion den Argumenten der Religionskritik stellen. Fatal wurde die Religionskritik erst, als sie im 20. Jahrhundert zu einer Ideologie mutierte.

Friedlicher höhlte ein anderes Phänomen die Bedeutung des Christentums in der Moderne aus. David Friedrich Strauß (1808–1874), der große verlorene Sohn des deutschen Protestantismus im 19. Jahrhundert, stellte dem Christentum eine neue Kulturreligion gegenüber, in der Mozart, Beethoven und Goethe das existentielle Trostbedürfnis befriedigten. Ihre Werke ließen die Aussicht auf einen tieferen Sinn des Daseins aufscheinen, wenn auch oft nur vage und unbestimmt. Auf naturwissenschaftlicher Seite formulierte Ernst Haeckel (1834–1919) in dem erfolgreichen Buch *Die Welträtsel* eine monistische Philosophie, die in der Entwicklung des Lebens den Einheitsgrund aller Wirklichkeit sah und den Menschen als Teil dieser Entwicklung adelte. Von der Theosophie bis zum New Age setzten sich vor allem in den westlichen Kulturen im 20. Jahrhundert neue Formen einer Sinnstiftung fort, die in meist weichen Konturen die Fragen nach Sinn und Bedeutung des Daseins thematisierten und «das Ganze», Welt und Mensch, Natur und Seele, erklärten. Theologen wie Rudolf Otto (1869–1837) konnten daher mit guten Gründen argumentieren, dass die Moderne an sich nicht religionslos sei, sondern die Religion in neuen Formen auftrete.

Die Reaktionen des Christentums auf die Umwälzungen der Moderne lassen sich in vier Typen zusammenfassen. Das Christentum stellte sich *erstens* produktiv und konstruktiv den Herausforderungen der Aufklärung und arbeitete daran, seine Inhalte in die moderne Kultur hinein zu übersetzen. Insbesondere die protestantische Theologie war auf diesem Weg im 19. und 20. Jahrhundert eine Vorreiterin. Die evangelisch als Kulturprotestantismus oder katholisch als Modernismus bezeichneten Strömungen führten wissenschaftliche Methoden in die akademische Ausbildung künftiger Geistlicher ein, suchten das Gespräch mit Philosophie und Naturwissenschaften und registrierten Phänomene der zeitgenössischen Kultur aufmerksam, um die christlichen Ideen für das moderne Lebensgefühl anschlussfähig zu machen.

Einen anderen Weg ging *zweitens* der Traditionalismus. Die Rückkehr zur Tradition war nicht einfach deren Fortführung, sondern Resultat einer bewussten Entscheidung für eine bestimmte Tradition. Diese Bewegung durchzog alle christlichen Konfessionen und führte im 19. Jahrhundert zu einem rasanten Anstieg des Konfessionalismus als Identitätsmarker. Das Luthertum bezog alle Kraft daraus, nicht katholisch oder calvinistisch zu sein, und umgekehrt. Das Hochhalten der eigenen Tradition, im katholischen Milieu auch des eigenen Brauchtums, kam einem öffentlichen Bekenntnis gleich.

Drittens gewann die Volksfrömmigkeit an Bedeutung. Die protestantischen Erweckungsbewegungen des 19. Jahrhunderts appellierten massenwirksam an das Sündenbewusstsein und die Erlösungsbedürftigkeit der Menschen und trafen damit einen Nerv populärer Frömmigkeit. Im katholischen Bereich mehrten sich Berichte über wundersame Erscheinungen, unter denen die Marienerscheinungen herausragten. Lourdes ist ein typisches Kind des 19. Jahrhunderts, die Mariendogmen von 1854 und 1950 sind letztlich nur der nachträgliche dogmatische Segen für das, was weite Kreise des Volkes schon im Herzen glaubten und verehrten. Diese populären Bewegungen der Volksfrömmigkeit sind nicht einfach nur rückwärtsgewandt, sondern Ausdruck einer Sehnsucht nach Heiligkeit in einer profan erlebten Welt.

Global gesehen wurde *viertens* die härteste christliche Frontstellung gegen die Moderne einflussreich. Es ist der entgegengesetzte Weg zu dem weltoffenen Verfahren, mit der modernen Kultur zu einem Ausgleich zu gelangen. Die ablehnende Haltung bahnte sich in konfessionalistischen und erweckten Kreisen an und gelangte einerseits im protestantischen Fundamentalismus und im katholischen Antimodernismus zu festen theologischen Systemen. Während der Antimodernismus als Abwehrbewegung auftrat, um die katholische Lehre und den Klerus auf der als Tradition verstandenen Linie zu halten, bekämpfte der protestantische Fundamentalismus vor allem in den USA seit dem Ende des 19. Jahrhunderts moderne Auffassungen auch über den Einflussbereich der Kirche hinaus. Auf Grundlage der als unaufgebbar erachteten «fundamentals» der absoluten Irrtumslosigkeit der Bibel, des Sühneopfers Christi, der leiblichen Auferstehung und der Wiederkunft Christi zum Gericht agierten die Fundamentalisten in den Zwanzigerjahren gegen den Darwinismus und – das ist bereits eine spezifisch moderne Variante – zogen mit ihren Anklagen vor staatliche Gerichte. In ihrem weltanschaulichen Kampf pflegen die Fundamentalisten ein pragmatisches Verhältnis zur technischen Seite der Moderne und nutzen deren Errungenschaften wie Radio, Fernsehen und heute das Internet. Der Fundamentalismus ist ganz und gar ein Kind der Moderne, da er die religiöse Frontstellung gegen sie zu seiner Kernbotschaft erhebt.

6. Globales Christentum im 20. und 21. Jahrhundert

Der weltweite Aufstieg des christlichen Fundamentalismus zeigt, dass man heute dem Christentum nicht mehr annähernd gerecht werden kann, wenn man es als eine vorwiegend europäische Größe betrachtet. Die heutige globale Ausbreitung begann mit der Missionierung durch europäische Kolonialmächte und Missionsgesellschaften. Auf allen Kontinenten entwickelten sich jedoch eigenständige Formen. Das Christentum des 20. und 21. Jahrhunderts ist ein globales Phänomen von erstaunlicher Vielfalt.

Europa

Trotz gegenwärtig sinkender Mitgliederzahlen und institutioneller Rückzüge ist die Geschichte des europäischen Christentums in der Moderne nicht einfach nur als Verfall zu beschreiben. In dem rasanten Wandel zwischen 1800 und 1900 hat sich die europäische Bevölkerung verdreifacht, in Großstädten wie London, Paris oder Berlin sogar mehr als verzehnfacht. Den Kirchen ist es institutionell in Pfarrgemeinden, Vereinen und Wohlfahrtseinrichtungen mitsamt der dazugehörenden überregionalen Administration gelungen, in der wachsenden Bevölkerung massentaugliche, stabile kirchliche Strukturen zu errichten. Der Aufbau der modernen Volkskirchen ist eine der größten Erfolgsgeschichten des Christentums und sicherte in vielen Ländern des westlichen Europa bis weit in die zweite Hälfte des 20. Jahrhunderts hohe christliche Sozialisierungsgrade und gesellschaftlichen Einfluss.

Das europäische Christentum sah sich allerdings im 20. Jahrhundert auch mit einer der größten Gefährdungen seiner Geschichte konfrontiert. Faschistische und kommunistische Diktaturen attackierten das Christentum. In der Sowjetunion ging

Stalin in den Dreißigerjahren dazu über, das Christentum nicht nur ideologisch zu bekämpfen, sondern auch physisch auszulöschen. Die Christenverfolgungen des 20. Jahrhunderts sind die weitreichendsten in seiner gesamten Geschichte, viele davon fanden auf europäischem Boden statt.

Vermutlich aus strategischen Überlegungen veranlasste Stalin im Zweiten Weltkrieg den Wechsel von der physischen Verfolgung zurück zur politischen Unterdrückung und Überwachung der Kirchen. Dieses System etablierte sich in allen Ländern des Ostblocks, allerdings mit unterschiedlichen Auswirkungen. Ostdeutschland und Tschechien zählen heute zu den entchristianisiertesten Regionen Europas. In Polen dagegen konnte sich der Katholizismus als gesellschaftliche Kraft lange behaupten. Die orthodoxen Kirchen erlebten nach Jahrzehnten der starken Kontrolle die politische Wende als einen beachtlichen Bedeutungsgewinn. Vor allem in Russland entstand in den letzten Jahrzehnten eine bemerkenswerte Form von Ethnoreligiosität, in der es zum Russischsein scheinbar selbstverständlich dazugehört, orthodox zu sein. Einige Strömungen innerhalb der Orthodoxie tragen eine pointiert antiwestliche Haltung vor sich her. Die politische Instrumentalisierung des Ukraine-Konflikts hat die orthodoxe Weltgemeinschaft de facto zu einem Schisma zwischen den Patriarchen von Konstantinopel und Moskau geführt. Diese Entwicklungen stehen in krassem Gegensatz zu dem spirituellen Reichtum der orthodoxen Kirchen.

Das westeuropäische Christentum, das trotz der vermeintlich rückläufigen Mitgliederzahlen weit besser ist als sein Ruf, trägt im Konzert des globalen Christentums eine bedenkenswerte Melodie vor. Das einstmals so kriegerische westliche Christentum hat von der Aufklärung gelernt, wie unterschiedliche Konfessionen und Religionen friedlich miteinander auskommen können. Das Christentum zielt seinem Wesen nach auf universale Geschwisterlichkeit seiner Anhängerinnen und Anhänger und nicht auf ethnoreligiöse oder identitäre Ausgrenzung.

Amerika

Die meisten Christinnen und Christen leben heute auf den beiden amerikanischen Kontinenten. Die Überfahrt der Puritaner auf der *Mayflower* 1620 wurde zum geschichtsträchtigen Ereignis. Ab dem 17. Jahrhundert gewährten die britischen Kolonien Flüchtlingen, die Europa aufgrund ihrer abweichenden religiösen Überzeugungen verlassen mussten, Zuflucht. Die Puritaner fanden in Massachusetts Ruhe von der Verfolgung und konnten ein Gemeinwesen nach ihren strengen religiösen Prinzipien begründen. Gegenüber Andersdenkenden zeigten sie jedoch wenig Duldsamkeit. Dagegen protestierte der Prediger Roger Williams (1603–1683). Er warf den Puritanern vor, in ihrem eigenen Land nur zu wiederholen, was sie den europäischen Kirchen und Staaten vorwarfen. Keine Kirche könne für sich in Anspruch nehmen, als einzige die unermessliche Wahrheit des Christentums verwirklichen zu können. Der Staat habe sich nicht in das Leben der Religionen einzumischen, sondern für den Rahmen zu sorgen, der seinen Bürgerinnen und Bürgern die freie Religionsausübung zusichert. Die Väter der Verfassung der USA führten Williams' Ansatz fort und proklamierten die Religionsfreiheit auf Grundlage einer strikten Trennung von Staat und Kirche. Roger Williams und die Ereignisse an der amerikanischen Ostküste im 17. Jahrhundert öffneten die Tür in eine neue Epoche des Christentums.

Die innerchristliche Pluralität garantiert in den Vereinigten Staaten bis heute ein lebendiges christliches Leben unterschiedlicher Konfessionen. Der Calvinismus formierte sich in presbyterianischen Gemeinden, aus den Täuferbewegungen ging der Baptismus hervor. Im 18. Jahrhundert gewann der Methodismus rasch an Einfluss, aber auch die großen europäischen Kirchen wie der Anglikanismus und vor allem der Katholizismus fassten in den USA Fuß. Durch die Einwanderungswellen des 19. Jahrhunderts entstanden auch orthodoxe Kirchen, die eine erstaunliche Anpassungsfähigkeit an die amerikanische Kultur zeigten.

Auch das liberale, kulturoffene Christentum hat in den USA feste Wurzeln. Im frühen 19. Jahrhundert fanden sich Teile der

Bildungseliten Neuenglands in der Bewegung des *Transcendentalism* zusammen. Sie kennzeichnete eine religiöse Haltung, die offen für die Spuren des Transzendenten in der Kultur und in der Natur war. Ralph Waldo Emerson (1803–1882) und Henry David Thoreau (1817–1862) waren die berühmtesten Vertreter. Beide wirkten tief hinein in die amerikanische Kultur. Im 20. Jahrhundert fächerte sich dieser offene Protestantismus in politische und soziale Bewegungen auf, die im Umfeld der Bürgerrechtsbewegungen einflussreich wurden, er blieb jedoch auch intellektuell anziehend. Ein eindrucksvolles Beispiel dafür ist Paul Tillich. Mit der deutschen Theologie und der Philosophie des Idealismus bestens vertraut, musste er 1933 seine Frankfurter Professur aufgeben und emigrierte in die USA. Seine dort entstandenen Werke stellen einen grandiosen Versuch dar, die christliche Theologie europäischer Prägung mit den geistigen Strömungen der Zeit, dem Existentialismus, der Psychoanalyse und später auch dem Gespräch mit den Weltreligionen zu verbinden. Tillichs Emigration war für ihn persönlich ein Schicksal, für die protestantische Theologie wurde sie zu einem Glücksfall, denn es kann als ausgeschlossen gelten, dass er in dem von Krieg und Nachkriegszeit verengten Klima protestantischer Theologie in Deutschland zu einer ähnlichen Offenheit seines Denkens hätte vorstoßen können.

Berühmt ist Amerika auch für sein starkes evangelikales Christentum, in dem sich der puritanische Geist im 19. Jahrhundert auf ein entschieden bibelfrommes Christentum zuspitzte. Aus dem evangelikalen Milieu entstand am Ende des 19. Jahrhunderts der christliche Fundamentalismus als entschieden antimoderne Bewegung (siehe S. 50). Das Pfingstchristentum ist eine andere, heute sehr erfolgreiche Bewegung, die aus dem Nährboden des Evangelikalismus hervorging. Sie stellte eine Reaktion auf die als starr empfundenen Formen der traditionellen, aber auch evangelikalen Gemeinden dar. Die Gegenwart Gottes in der Welt sollte demgegenüber zu einem heilsamen persönlichen Erlebnis werden. Als Ausgangspunkt der Pfingstbewegung gelten die Ereignisse, die sich ab 1906 in der Azusa-Street in Los Angeles abspielten. In den Gottesdiensten des afroamerikanischen Predigers William Joseph Seymour stand die Zungenrede (Glossolalie) als Wunder des heiligen Geistes im Zentrum. Seine Bewegung ging aber weit über die Feier religiöser Ekstasen hinaus und stiftete ein aus Bibelkursen und sozialen Programmen bestehendes Gemeinschaftsleben, das Menschen unterschiedlichster Herkunft und – damals der Zeit weit voraus – über die Rassen- und Geschlechtergrenzen hinweg Halt und religiöse Heimat in der rasanten ökonomischen und sozialen Aufbruchsdynamik der amerikanischen Westküste im frühen 20. Jahrhundert bot.

Das Pfingstchristentum ist heute ein wichtiges Bindeglied zwischen dem nordamerikanischen und dem lateinamerikanischen Christentum. Von ihren Anfängen her hätte jedoch die Geschichte des Christentums in den beiden Erdteilen kaum unterschiedlicher verlaufen können. Nach Nordamerika gelangten die Europäer zunächst als Flüchtlinge, in Lateinamerika traten sie von Anfang an als Eroberer und Ausbeuter auf. In dem welthistorischen Expansionsprozess, der als «Unterwerfung der Welt» beschrieben wurde (W. Reinhard), setzten die Konquistadoren das Christentum auch als Instrument kultureller Unterwerfung ein. Anders als in Nordamerika kam es in Lateinamerika trotzdem zu einer stärkeren Kreolisierung, also kulturellen Vermischung zwischen Ureinwohnern und Europäern, die auch das Christentum betraf. Der Wallfahrtsort der Jungfrau von Guadalupe in Mexiko-Stadt ist heute eine der populärsten heiligen Stätten Mexikos. Der Legende nach erschien dort bereits kurz nach der Eroberung durch die Spanier einem aztekischen Mann die Mutter Gottes, um ihm zu offenbaren, dass die göttliche Liebe auch seinem Volk gelte. Die enorme religiöse Anziehungskraft des Ortes zeigt, wie das Christentum in Mexiko die Missionierung von außen in eine autochthone Offenbarung transformieren konnte.

Im 20. Jahrhundert entstand mit der Befreiungstheologie einer der wichtigsten theologischen Beiträge auf lateinamerikanischem Boden. Das Programm, mit dem auch Bischöfe des lateinamerikanischen Episkopats sympathisierten, berief sich auf die zentrale Bedeutung der Befreiung im Christentum, wie sie bereits in der biblischen Erzählung vom Auszug Israels aus Ägypten niedergelegt war, und übertrug die Botschaft auf die politische und soziale Situation in Lateinamerika.

Inzwischen ist die südamerikanische Befreiungstheologie von einer anderen rasanten Entwicklung teilweise aufgesogen, teilweise auch überrollt worden. Spätestens seit den Sechzigerjahren wuchsen die Pfingstkirchen mit rasanter Geschwindigkeit. In dem einstmals nahezu vollständig katholischen Lateinamerika machen ihre Angehörigen heute in einigen Ländern bis zu einem Fünftel der Bevölkerung aus. Der Protestantismus gelangte überwiegend durch nordamerikanische Missionare in den Süden. Die Prediger der *Assemblies of God* gewannen mit dem Wohlstandsevangelium *(prosperity gospel)* an Einfluss. Danach sind Wohlstand und Reichtum Ausdruck göttlicher Erwählung, in einer theologisch noch radikaleren Fassung bisweilen sogar Resultat von Gebeten und einer gottgefälligen Lebensführung. In Chile entstand das Pfingstchristentum aus einer Abspaltung von methodistischen Missionskirchen aus Nordamerika und versteht sich seither ausdrücklich als ein heimisches Phänomen. Das ist ein wichtiger Faktor in der Erfolgsgeschichte des Pfingstchristentums. Die von außen kommenden Einflüsse durch Missionare werden in etwas Eigenes, Heimisches, Nationales verwandelt. In seiner enormen Bandbreite stützt das Pfingstchristentum wirtschaftliche Aufstiegswünsche, es festigt in seiner konservativen Ausrichtung traditionelle Werte wie Ehe und Familie, tritt aber auch in sozialprogressiven Strömungen auf, die in den prekären Vorstädten der lateinamerikanischen Megacities stark auf Solidarität unter den Gemeindegliedern setzen und so soziale Sicherung und Integration in einer unbarmherzigen Welt ermöglichen.

Afrika

Auf dem afrikanischen Kontinent war das Christentum von seinen Anfängen an heimisch. In der Antike kam dem afrikanischen Christentum große Bedeutung zu. Dieses christliche Leben ging auch unter der islamischen Herrschaft ab dem 7. Jahrhundert nicht unter. Am Oberlauf des Nils und im heutigen Äthiopien hielt sich ein stark am Judentum orientiertes Christentum. In Ägypten gehören dem koptischen Christentum heute etwa zehn Prozent der Bevölkerung an. Als Europäer im 16. Jahrhundert das afrikanische Christentum neu entdeckten, reagierten sie nach anfänglicher Freude, in einem vermeintlich muslimischen Gebiet auf Christen zu stoßen, unduldsam und mit dogmatischer Belehrung. Europa trug seine konfessionellen Streitigkeiten in die Welt hinaus, was nachhaltig zu Spannungen zwischen den orientalischen Kirchen und der katholischen Kirche führte.

Anders als in Amerika hatten die Europäer in Afrika lange Zeit ein geringes Interesse an territorialen Eroberungen. Es galt vor allem, Stützpunkte für den Seeweg nach Indien und Fernost zu errichten. Ein christliches Königreich im Kongo blieb im 16. Jahrhundert eine Episode. Lediglich am Südkap setzte im 17. Jahrhundert eine niederländische Kolonialisierung ein. Einer der größten Sündenfälle der europäischen Geschichte ist die Versklavung von afrikanischen Frauen, Männern und auch Kindern, die in die amerikanischen Kolonien deportiert wurden. Im Sklavenhandel tritt eine tiefe Doppelgesichtigkeit der europäischen Kultur ans Licht: Ökonomisches Gewinnstreben steht im dauerhaften Widerspruch zu den humanistischen Idealen. Die katholische Kirche verdammte 1686 die Sklaverei als unchristlichen Umgang mit Menschen, es blieb aber ein scheinheiliges Verbot, denn katholische Nationen beteiligten sich ebenso bedenkenlos wie protestantische Briten und Niederländer am Sklavenhandel. Es waren englische Erweckungsprediger wie William Wilberforce, die durch ihre Kampagnen den Umschwung einleiteten. Großbritannien verbot Anfang des 19. Jahrhunderts die Sklaverei, was sich langsam und gegen zähen Widerstand in den folgenden Jahrzehnten im Welthandel durchsetzte.

Das Verhältnis zwischen Kolonialismus und Mission ist in Afrika im 19. Jahrhundert kompliziert. In der christlichen Mission, bei der Methodisten und Presbyterianer die Vorherrschaft übernahmen, gab es ein ernst gemeintes und unterstützendes Interesse an Afrika. Aber auch rassistische Vorbehalte traten hervor, die Mission als Belehrung und Erziehung vermeintlich unterlegener Völker verstanden. Gemessen an der ab 1870 massiven imperialistischen Aufteilung Afrikas waren die Erfolge der amerikanischen und europäischen Mission bescheiden. Vermutlich gehörten um 1900 nur etwa 10 Prozent der afrikanischen Bevölkerung einer christlichen Kirche an, um 2000 waren es etwa 45 Prozent. Der Anstieg verdankt sich der Ausbreitung des Katholizismus, aber vor allem auch den Missionserfolgen der Pfingstkirchen.

Das Verhältnis des Pfingstchristentums zu den anderen Konfessionen in Afrika ist keineswegs konfliktfrei, da nicht das ökumenische Miteinander, sondern das Abwerben von Gläubigen das Ziel ist. In Ländern wie Nigeria treffen zudem islamistische und christlich-fundamentalistische Gruppierungen gewaltsam aufeinander. Das Erfolgsmodell der Pfingstler hat unübersehbare Schattenseiten, deutlich ist jedoch auch, dass die Botschaft von Heil und Errettung in den charismatischen Gottesdiensten die religiösen Bedürfnisse vieler Menschen in Afrika anspricht.

Asien

In Asien, der Heimat großer religiöser Hochkulturen wie Buddhismus, Hinduismus, Konfuzianismus oder Taoismus, tat sich das Christentum außerhalb der Philippinen als spanischer Kolonie sehr schwer, Fuß zu fassen. Dennoch gilt Asien heute als eine pulsierende Wachstumsregion des Christentums. Portugiesische Seefahrer, die im Gefolge von Vasco da Gama Ende des 15. Jahrhunderts nach Indien reisten, staunten nicht schlecht, als sie an der Westküste auf Christen stießen. Die indischen Thomaschristen, die sich auf die Mission des Apostels Thomas zurückführen, gelangten bereits in der Spätantike im Zuge der ostsyrischen Mission der Nestorianer nach Indien (siehe S. 29) und konnten dort durch Assimilationen in einem hinduistischen Kontext bestehen. Doch trat auch hier ein, was zuvor schon im nördlichen Afrika geschah. Die anfängliche Freude schlug in europäische Bekehrungsversuche um, die im Geist der dogmatischen Enge des konfessionellen Zeitalters die Thomaschristen auf ihre Linie bringen wollten. Die Begegnung mit den westlichen Brüdern und Schwestern endete für viele indische Christen in Enttäuschung und Unterdrückung.

Andere Wege der Begegnung gab es jedoch auch. Der Jesuit Roberto de Nobili (1577–1656) sah die kulturelle Assimilation als eine wesentliche Voraussetzung der Mission. Er studierte Sanskrit und Tamil und versuchte, durch das entsagungsvolle Leben eines christlichen Sannyasins christliche Motive in den hinduistischen Kontext zu übertragen. De Nobili erwarb sich den Respekt und die Achtung der Hindus und wandelte so, seiner Zeit um Lichtjahre voraus, die Mission zu einer Kulturbegegnung um. Das gefiel nicht allen seiner Missionsbrüder. Der Streit schwelte über eineinhalb Jahrhunderte, bevor schließlich der Papst 1744 in dem «Ritenstreit» jegliche Akkommodation untersagte – mit fatalen Folgen für die Begegnung zwischen Christentum und asiatischen Kulturen. Das Christentum wurde als unduldsam empfunden, was in Japan die Missionsversuche des Jesuiten Francisco de Xavier zerstörte und eine massive Christenverfolgung einleitete, die der japanische Schriftsteller Endō Shūsaku in dem Roman *Schweigen* verarbeitet hat, den Martin Scorsese 2016 in *Silence* verfilmte.

Die herausragende Gestalt der chinesisch-christlichen Begegnung ist der Jesuit Matteo Ricci (1552–1610). Seine naturwissenschaftliche Bildung machte Eindruck, aber auch seine Begabung, Mandarin zu erlernen und sich in den Konfuzianismus einzuarbeiten. Ähnlich wie sein Ordensbruder de Nobili fand auch Matteo Ricci mit seiner Gabe zur Assimilation bei seinen Gastgebern Respekt und Anerkennung. Die verhaltene Offenheit Chinas gegenüber westlichen Missionaren und Gelehrten änderte sich jedoch, als Rom im Zuge des Ritenstreits christlichen Missionaren verbot, die konfuzianische Ahnenverehrung zu praktizieren. Seitdem wurden christliche Missionare in China als Affront gegen die eigene Kultur wahrgenommen. Im Zuge der Opiumkriege Mitte des 19. Jahrhunderts, die für China den Beginn einer langen Demütigungsgeschichte durch den Westen einleiteten, erzwangen die westlichen Mächte die erneute Öffnung Chinas für ihre Missionare. Sie leiteten aus chinesischer Perspektive eine unselige Verbindung von Christentum und Imperialismus ein. Der Boxeraufstand zwischen 1899 und 1901 richtete sich daher auch gezielt gegen christliche Einrichtungen.

Mit der Machtübernahme der Kommunisten folgten schwere Jahre, während der Kulturrevolution war das Christentum verboten. Die allmähliche Öffnung unter Deng Xiaoping führte zu einem erstaunlichen Wachstum christlicher Kirchen. Protestantismus und Katholizismus, die offiziell als zwei unterschiedliche Religionen behandelt werden, zählen zu den fünf erlaubten Religionen in der Volksrepublik. Trotz einer staatlich gelenkten Religionspolitik übt das Christentum in China Anziehungskraft aus. Die Schätzungen reichen von mindestens 32 Millionen bis zu über 100 Millionen Christinnen und Christen in China.

Einzigartig ist die Entwicklung des Christentums in Südkorea. Der südliche Teil der Halbinsel hatte nach dem Koreakrieg und der Teilung einen Anteil von fünf Prozent Christen, heute gehören in Südkorea etwa dreißig Prozent der Bevölkerung einer christlichen Kirche an. Südkorea dürfte damit das Land mit der am schnellsten wachsenden christlichen Bevölkerung im 20. Jahrhundert sein. Diese verdankt sich vor allem dem Erfolg von charismatischen und pfingstlerischen Kirchen, der auf drei Säulen ruht. In Zeiten des Kalten Krieges, der Korea durch die Teilung des Landes hart traf, bot die Verkündigung der Pfingstkirchen im Süden *erstens* ein starkes antikommunistisches Bollwerk. *Zweitens* bestärkte das Wohlstandsevangelium (*prosperity gospel*, siehe S. 56) die staatlich propagierte Öffnung für den Kapitalismus. Fleiß und Gehorsam sind Gott wohlgefällig, Wohlstand ein Zeichen göttlicher Erwählung. *Drittens* schließlich konnte das Auftreten der Pfingstkirchen gut an Traditionen anknüpfen. Die Pfingstchristen trafen mit ihrem Appell an das Pflicht- und Opferbewusstsein konfuzianische Haltungen und konnten mit ihren Heilungsgottesdiensten an schamanistische Riten anschließen. Das Christentum wurde zu einem Synonym für Modernisierung mit magnetischer Wirkung. Der Erfolg der Pfingstkirchen hat auch seine Kehrseiten. Das aus der Ökonomie entlehnte Wachstumsparadigma als Maßstab einer florierenden Kirche setzt die Gemeinden einem großen Konkurrenzdruck aus, der einem innerchristlichen, ja selbst einem innerpfingstlichen Gespräch lange im Wege stand. Das führt zu einem zweiten erstaunlichen Phänomen in Südkorea, dem Anwachsen des Katholizismus. Ihm gelingt es offensichtlich, die Kollateralschäden des Pfingstchristentums zu kompensieren. Das organische, auf Gemeinschaft setzende Kirchenverständnis eliminiert den Konkurrenzdruck und stiftet soziale Wärme.

Weltweit ist das Christentum heute eine wachsende Religion, allerdings in sehr verschiedenen Erscheinungsformen. Zwischen einem westlich-liberalen und einem afrikanisch-pentekostalen Christentum – um nur diese beiden Beispiele zu nennen – liegen Welten. Das fordert die christliche Ökumene heraus. Den zentrifugalen und fragmentierenden Kräften steht die Einsicht entgegen, dass die vielen weltweiten Christentümer je auf ihre Art und je unter ihren Bedingungen von dem Versuch getragen sind, die Gegenwart Gottes in der Welt zu leben. Kraftvoll ist das Christentum immer dann, wenn es seine zentrale Botschaft so vermitteln kann, dass sie die Lebenswirklichkeit der Menschen berührt und damit ihre Lebensgestaltung unterstützt. Ökumene ist darum heute eine Bewegung des gegenseitigen Lernens, wie dies gelingen kann.

II. Lebensformen des Christentums

Das Christentum prägt das Leben seiner Anhängerinnen und Anhänger durch unterschiedliche Formen der Vergemeinschaftung, Bräuche, Riten, Denkformen und Moralvorstellungen, die über Jahrhunderte gewachsen sind und den Einzelnen Orientierung bieten. Um die zentralen Dimensionen christlichen Lebens – Innerlichkeit, Institution, Ritus und Kultur – geht es im Folgenden.

1. Innerlichkeit: Die kontemplative Dimension

Das Christentum ist im Erleben der Menschen, in ihrem Nachdenken, Wollen und Fühlen wirksam. Ohne diese innere Resonanz hätte es keine Kraft. Der Begriff der Mystik thematisiert traditionell diese kontemplative Dimension, wobei Mystik hier in einem weiten Sinn als Erfahrung der Gegenwart Gottes in der Welt und nicht nur als das Erlebnis besonderer Nähe zu Gott oder gar Einigung mit ihm zu verstehen ist. Auf die große Bedeutung der Mystik und Innerlichkeit für das christliche Leben hat bereits Ernst Troeltsch, die große Gestalt des liberalen Kulturprotestantismus, aufmerksam gemacht, um die individuelle Seite stark zu machen und die christlichen Lebensformen nicht zu einseitig allein auf Kirche und Ritus zu reduzieren.

Die Quellen der mystischen Tradition erzählen davon, wie eine höhere Dimension der Wirklichkeit in die Erfahrungswelt der Menschen eindringt und wie diese sich durch Askese und Kontemplation Gott annähern, um schließlich von ihm oder einer besonderen Erkenntnis ergriffen zu werden. Sie beschreiben dies in Bildern, die ihnen ihre kulturelle Umgebung zur Verfügung stellt. Der Apostel Paulus schreibt von seiner «Entrückung in den dritten Himmel» (2 Kor 12), der Philosoph Plotin – es gab auch philosophische Mystiker – von einem Erwachen zu sich selbst, in dem er einsieht, dass seine Seele zur Sphäre des Göttlichen gehört (Enn IV 8). Augustinus durchschreitet in seiner Vision in Ostia mit der Kraft des Denkens die Stufen des Kosmos und berührt für einen Augenblick die göttliche Wahrheit (*Bekenntnisse IX 10*). Meister Eckhart wird vom göttlichen Funken und Lichtstrahl in seiner Seele erfasst, und der Franziskaner Bonaventura beschreibt den Weg der Seele als Aufstieg zu Gott (*Itinerarium mentis in Deum*). Auch im Mittelalter artikulierten sich mystische Erfahrungen in der Sprache eines Weltbildes, das stark vom Platonismus und Neuplatonismus beeinflusst war. Die Gegenwart des Göttlichen ereignet sich, wenn die Seele aus der Welt der Materie hinaufsteigt in die Sphäre des Geistes. Die mystischen Bewegungen des Mittelalters bedeuteten eine «Demokratisierung» der religiösen Erfahrung (B. McGinn, Mystik III, 37), weil sie auch jenseits der Universitätstheologie artikuliert werden konnte. Das erklärt, warum die Frauenmystik so stark wurde. Frauen hatten im Mittelalter keinen Zugang zu Universitäten und kirchlichen Ämtern, ihre individuellen Erfahrungen verliehen einigen Mystikerinnen aber eine Autorität, die auch Bischöfe und Päpste anerkannten.

Mit der Reformation und beginnenden Neuzeit verlor das platonische Weltbild an Überzeugungskraft. Der Akzent mystischer Ausdrucksformen verlagerte sich auf die Innerlichkeit. Luthers Christusfrömmigkeit, die er als innerlich stärkende und tröstende Begegnung mit der Person Jesus Christus beschrieb, bietet dafür ein schönes Beispiel. Aus den spiritualistischen Ausläufern der Reformation stieg ein interessantes neues Territorium auf, in dem Menschen die Gegenwart Gottes wahrnahmen. Die Naturfrömmigkeit Jakob Böhmes wirkte tief hinein in die Neuzeit, beeinflusste Romantik und Idealismus, aber auch naturfromme Seelen wie Goethe, Alexander von Humboldt und John Muir thematisierten die Natur als Sphäre geheimnisvoller göttlicher Gegenwart. Romantiker sprechen von Erfahrungen, in denen ihnen die Welt als Heimat und Zuhause aufscheint. Dichter erzählen von ihren Berührungen mit dem Geheimnis der Wirklichkeit, die sie trotz aller Schrecknisse der Welt mit dem Lauf der Dinge versöhnt. Die Linien der Mystik führen weit in die moderne Kultur und in alle christlichen Konfessionen hinein. Fjodor Dostojewski schilderte in *Die Brüder Karamasow* die Anziehungskraft der Mystik in der russischen Tradition, Rainer Maria Rilke, Edith Stein und Pierre Teilhard de Chardin sind Beispiele einer wirkmächtigen Rezeption mystischer Ideen im Katholizismus, der protestantische Theologe und Arzt Albert Schweitzer beschrieb, wie ihn das Aufleuchten der Ehrfurcht vor dem Leben als mystisches Erlebnis zu tätiger Lebenskraft inspirierte. Diese breite mystische Tradition findet neue Ausdrucksformen religiöser Erfahrung, sie repräsentiert die kontemplative Seite der Religion und bildet eine Brücke, die vom traditionellen Christentum zu dem hinüberführt, was Menschen heute bewegt. Das Christentum wirkt im Nachdenken der Einzelnen, in dem, was sie in ihrer Welterfahrung berührt und was sie in die alltägliche Lebensführung umsetzen.

Die große Bedeutung individueller Religiosität unterstreicht schließlich auch eine der wichtigsten religiösen Praktiken des Christentums. Das Gebet wird nicht nur im gemeinschaftlichen Gottesdienst gesprochen, sondern auch allein. Ein Gebet ist Kontemplation, Nachdenken, «Weltandacht» oder ein Gespräch mit Gott.

2. Institution: Die Sozialgestalten des Christentums

Die Kraft für die individuelle christliche Lebensführung kann das Christentum seinen Anhängerinnen und Anhängern nur dann geben, wenn seine Motive und Impulse in einer Gemeinschaft vermittelt, bestärkt und abgesichert werden. Ein Christsein ohne Kirche gibt es nicht – so wie es keine Kirchen ohne Christinnen und Christen gibt.

Wie sehr die innerliche Begeisterung und Ergriffenheit der Glaubenden von einer Einbindung in eine Gemeinschaft abhängt, wird schon am frühen Christentum sichtbar. Die Überzeugung, dass der Geist Christi unter ihnen gegenwärtig ist, verwirklichte sich nicht nur in den Herzen der frühen Christen, sondern auch in der Art, wie sie miteinander lebten und umgingen. Das Ideal des Liebeskommunismus, das Lukas in der Apostelgeschichte in so hellen Farben zeichnete, nahm Impulse auf, die auf Jesus selbst zurückgingen. Seine Jünger lehrte er: «Wer groß sein will unter euch, der soll euer Diener sein; und wer unter euch der Erste sein will, der soll aller Knecht sein.» (Mk 10,43–44) Anders also als sonst üblich sollte es zugehen unter den Christinnen und Christen, die daraus den Anspruch ableiteten, als «Kontrastgesellschaft» (G. Lohfink) in der Welt zu leuchten.

Aus dieser Berufung bezog das frühe Christentum seine Energie, sich als eine solidarische Gemeinschaft im unterstützenden Einstehen füreinander zu einem Ziel aufzumachen, das jenseits der Geschichte lag. Mit einer Vielzahl von Bildern beschreibt das Neue Testament dieses Gemeinschaftsideal. Es reicht vom antiken Freundschaftsbund im Johannesevangelium über das Bild von einem gemeinsam durch die Zeit wandernden Gottesvolk im Hebräerbrief und die Vorstellung, eine Familie zu sein, bis hin zu der Annahme, die Kirche sei eine eigene, der «Welt» enthobene Sphäre des göttlichen Heils.

Paulus beschreibt, wie die Unterschiede zwischen den Geschlechtern, zwischen Nationalitäten, ja sogar zwischen Herren und Sklaven gleichgültig werden (Gal 3,28). Wo der Geist Christi präsent ist, werden die üblichen Verhaltensmuster in menschlichen Gemeinschaften außer Kraft gesetzt. Die Stärkeren hören auf, sich gegenüber den Schwächeren durchzusetzen: «Niemand suche das Seine, sondern was dem andern dient.» (1 Kor 10,24) Paulus fasst dies in das Bild der Kirche als Leib Christi zusammen. Der göttliche Geist realisiert sich notwendigerweise in den Einzelnen mit ihren besonderen Gaben (Charismen), die je für sich einen Wert haben, und fügt sie zu einem Ganzen zusammen. In diesen sozialen Erfahrungen verstand sich das frühe Christentum als ein Ereignis, das das Reich Gottes vorwegnimmt.

Die wachsenden Gemeinden bildeten mit der Zeit Sozialformen aus und regelten Aufgaben, Rechte und Pflichten. Auch die religiöse Praxis nahm festere Formen an. Die Ausbildung von Traditionen legitimierte Glaubensinhalte und Glaubenspraktiken. Die zunehmende Institutionalisierung provozierte schon in der Alten Kirche und von da ab in regelmäßigen Abständen Widerstände. In ihnen scheint eine Sehnsucht nach Unmittelbarkeit und Authentizität auf. Einige in den Gemeinden wollten in der eigenen Gotteserfahrung nicht allein auf die Vermittlung durch Amtsträger oder die Vorgaben von Glaubensregeln angewiesen sein. Viele der Spaltungen innerhalb des Christentums sind Proteste gegen die vorherrschende Form des christlichen Lebens. Je institutioneller die Kirche wurde, desto anfälliger wurde sie für Kritik vor allem aus den eigenen Reihen.

Spätestens mit der Konstantinischen Wende wandelte sich die Sozialgestalt des Christentums grundlegend. Eine begriffliche Unterscheidung, die Ernst Troeltsch angeregt von der Religionssoziologie eingeführt hat, hilft, diesen Übergang präziser zu beschreiben (vgl. E. Troeltsch, Soziallehren, 1848–1854 [B967–870] u. ö.). Troeltsch nannte die christliche Sozialform, in die man hineingeboren wird, Kirche. Das gemeinschaftliche Leben trägt einen institutionellen Charakter, die Kirche ist inklusiv und offen für ihre kulturelle Umwelt. Davon zu unterscheiden ist die Sekte. Der Begriff wird heute negativ mit Abgeschlossenheit, Zwang und Indoktrination verbunden, meint aber in soziologischer Perspektive religiöse Sozialformen, bei denen der Zugang auf Freiwilligkeit basiert. Er erfolgt aufgrund einer persönlichen Entscheidung mit hoher emotionaler Kraft wie beispielsweise einer Bekehrung. Die Angehörigen einer Sekte verhalten sich gegenüber ihrer kulturellen Umwelt eher exklusiv und kritisch.

Das Christentum ist im Laufe des 4. Jahrhunderts von einer Sekte zu einer Kirche geworden. Die individuelle Entscheidung zur Nachfolge trat zurück. Christinnen und Christen des 4. Jahrhunderts verstanden ihre Gemeinschaft nicht mehr als Kontrastgesellschaft, sondern als Teil des Reiches. Die Entscheidungen der Synoden der Reichsbischöfe setzten inklusiv auf die Integration der Vielen und nicht exklusiv auf die religiös strenge Lebensführung weniger Auserwählter. Das Christentum formierte sich bis ins Mittelalter vor allem als Kirche mit einer hohen wechselseitigen Durchdringung von Politik, Kultur und Religion.

Der religiöse Protest der Reformation ist eng mit einer Institutionenkritik verknüpft. Obwohl die Reformatoren ein ganz anderes Verständnis der Kirche entwickelten, prägte der europäische Protestantismus dennoch wie der Katholizismus den Kirchentypus aus. Die Ausbildung europäischer Volkskirchen bis ins 20. Jahrhundert hat sich als eine Erfolgsgeschichte erwiesen. In der Außenperspektive sind beispielsweise in Deutschland die theologischen Unterschiede zwischen der katholischen und den evangelischen Kirchen in ihrer Organisation nicht einfach zu erkennen. Gemeindestruktur, bürokratische Verwaltung und offene Integration in die Gesellschaft gleichen sich. In Skandinavien oder England sind die protestantischen Kirchen Staatskirchen oder eng mit dem Staat verbunden. Global gesehen ist dies ein europäischer Sonderweg des Protestantismus. In den USA hat sich bis heute stärker der Sozialtypus der Sekte durchgesetzt, der die Anliegen sowohl des Calvinismus als auch des linken Flügels der Reformation besser umsetzen kann. Als Sekte im soziologischen Sinn bestehen die unterschiedlichen protestantischen Denominationen auf einer ernsthafteren christlichen Lebensführung, setzen konsequent die Trennung von Staat und Kirche um und halten sich in einer kritischen Distanz zur weltlichen Kultur. Seine größten Erfolge feiert der Sektentypus seit dem 20. Jahrhundert im Aufstieg der Pfingstkirchen.

Auch wenn es global betrachtet gegenwärtig den Anschein hat, als hätte die Sozialgestalt der Sekte dem Kirchentypus den Rang abgelaufen, ist Vorsicht gegenüber vorschnellen Urteilen angebracht. Weltweit decken die vielen Formen, in denen das Christentum soziale Gestalt annimmt, die gesamte Bandbreite der Institutionalisierungsmöglichkeiten des Religiösen ab. Straff institutionell organisiert ist der römische Katholizismus. Dem Hang zur Überhierarchisierung und Klerikalisierung stehen die Vorzüge einer beeindruckend global agierenden Organisation mit klaren Strukturen gegenüber. Die orthodoxen Nationalkirchen und die protestantischen Landeskirchen europäischer Prägung erreichen auf der regionalen Ebene einen hohen institutionellen Organisationsgrad, der ihnen zu öffentlicher Sichtbarkeit verhilft, aber auch mit Provinzialismus und administrativer Überregulierung zu kämpfen hat. Unter den Freikirchen versuchen vor allem die Pfingstkirchen mit einem geringen überregionalen und administrativen Aufwand auszukommen. Das setzt sehr hohe soziale Bindungsenergien mit empathischen Gemeinschaftsformen frei, führt aber zu einer starken Fragmentierung. *Die* Sozialgestalt des Christentums gibt es in der Moderne nicht.

Die Schaffung von Ämtern für bestimmte Aufgaben ist einer der markantesten Schritte auf dem Weg zur Institution. Auch dies ist im Christentum früh zu beobachten. Schon Paulus spricht von Aposteln, Propheten, Lehrern und Wunderheilern (1 Kor 12,28), die unter den frühen Christen wirken, an anderer Stelle von Bischöfen und Diakonen (Phil 1,1). Über mindestens zwei Generationen gab es kirchliche Ämter also in unterschiedlichen Formen, zu denen auch Frauen Zugang hatten. Seit dem frühen 2. Jahrhundert zeichnete sich die dreigliedrige Struktur von Bischof, Presbyter (Priester) und Diakon ab, die bis heute weit verbreitet ist. Sie ist im Katholizismus, in den orthodoxen Kirchen und im Anglikanismus umgesetzt und beruht auf der theologischen Konstruktion einer «apostolischen Sukzession» der Bischöfe. Jesus selbst habe mit seiner Berufung die Apostel eingesetzt, die ihre Vollmacht von Generation zu Generation durch Handauflegung an die ihnen nachfolgenden Amtsträger weitergaben (1 Tim 4,14).

Am anderen Ende des Spektrums möglicher Amtsbegründungen liegen die Pfingstkirchen, die das Amt aus dem Charisma der Geistesgegenwart ableiten. Historische Wurzeln lassen sich auch dafür in Anspruch nehmen. Die Pfingstkirchen betrachten sich als Erben des frühchristlichen Enthusiasmus.

Von wenigen christlichen Gemeinschaften abgesehen, von denen die Quäker die bekanntesten sind, kommt heute keine christliche Kirche ohne Ämter aus. Auch wenn theologisch zwischen einem römischen Priester und einem Pfingstprediger Welten liegen, fällt auf, dass das Christentum heute in überwiegender Mehrheit die Stabilisierung seiner Strukturen durch öffentlich sichtbare Amtsträger zu garantieren versucht.

Die Beschränkung auf allein männliche Amtsträger kam nicht schon in den Anfängen, sondern erst in späteren Jahrhunderten auf. Seit der zweiten Hälfte des 20. Jahrhunderts öffneten vor allem die großen protestantischen Kirchen, nicht selten nach konfliktreichem Ringen, den Zugang zum Amt auch für Frauen. Die Pfingstkirchen stehen weiblichen Amtsträgerinnen noch überwiegend ablehnend gegenüber, Tendenzen zur Öffnung sind aber bei einigen Gruppierungen zu erkennen. Der Katholizismus und die orthodoxen Kirchen ordinieren bis heute keine Frauen zu Priesterinnen. Dies wird mit der Bindung an die eigene, Jahrhunderte währende Tradition begründet, zu deren Änderung man sich nicht ermächtigt sieht. Einerseits verleiht diese Traditionstreue Stabilität und Halt, andererseits verschärft sie den Konflikt mit modernen Vorstellungen von Gleichberechtigung, die den Ausschluss der Frauen von kirchlichen Ämtern nicht mehr nachvollziehen können. Die Frage der Frauenordination ist ein Loyalitäts- und Anpassungskonflikt, kein theologisches Problem. Denn nach theologischen Gründen, die gegen die Frauenordination sprechen, muss man nicht suchen. Es gibt keine.

3. Ritus: Geheimnisse feiern

Ein wesentlicher Bestandteil christlicher Lebensformen ist der Ritus. Gemeint sind damit die festen, in einer Tradition verankerten und sich wiederholenden Formen religiöser Praxis. Riten spielen in allen Religionen eine so zentrale Rolle, dass bisweilen Religion und Ritus als Synonyme gebraucht werden. Auch das Herz des Christentums schlägt im Gottesdienst.

Das gottesdienstliche Leben hat sich im Christentum sehr früh etabliert. Aus den Briefen des Apostels Paulus wissen wir, dass bereits eine Generation nach Jesu Tod die Gemeinden zu Gottesdiensten zusammenkamen und in der Taufe den Eintritt der Glaubenden in die Gemeinde feierten. Manches konnten die frühen Christen aus der römisch-hellenistischen Kultpraxis aufnehmen, Schriftlesungen und Predigt verdanken sie den Feiern der jüdischen Synagoge. Die Gottesdienste schufen erhebende Gemeinschaftserfahrungen. Die Lesungen rückten die Hörerinnen und Hörer in die Aura einer heiligen Tradition, die Predigt schlug eine Brücke in die Gegenwart. Gebete und vermutlich von Anfang an auch schon Gesänge eröffneten die Möglichkeit, sich persönlich an Gott mit Dank und Lob, aber auch mit Sorgen und Nöten zu wenden. Die Fürbitten erweiterten den Gesichtskreis über die eigenen Bedürfnisse hinaus auf andere Menschen. In der Feier des Abendmahls verdichtete sich das Geheimnis der göttlichen Gegenwart. Sie erinnerte an den Tod Jesu, sein Opfer und die daraus resultierende Vergebung der Sünden, sie nahm die Praxis Jesu auf, Gastmähler zu feiern, und stiftete damit Gemeinschaft mit Christus und untereinander. Schließlich gewährte das Abendmahl Ausblick auf die künftige Vollendung der Menschen in der himmlischen Gemeinschaft.

Mit dem Anwachsen des Christentums bildeten sich regional unterschiedliche rituelle Formen aus. Der griechische Begriff der Liturgie, der im profanen Bereich den öffentlichen Dienst meinte, unterstreicht den Dienstcharakter der Feier. Dabei stand die aus dem Alten Testament übernommene Vorstellung Pate, dass Gott offenbart hat, wie er von den Menschen verehrt werden will. Der Anspruch, auf rechte Weise Gottes Gegenwart in der Welt zu feiern und Menschen damit die Möglichkeit zu geben, mit Gott in Kontakt zu treten, prägt noch heute die beiden größten Liturgie-Familien des Christentums, die byzantinische Liturgie, die in der Mehrheit der orthodoxen Kirchen gefeiert wird, und den römisch-katholischen Ritus. Die Gestaltung spricht die einzelnen Gottesdienstbesucher an, hebt aber zugleich durch den Verweis auf die Tradition das Überindividuelle und Zeitlose hervor. Byzantinische und römische Liturgie eint, dass sie die Einzelnen in der gottesdienstlichen Feier in die Gemeinschaft der Gottesverehrung aufnehmen. Allerdings neigen sie dazu, die Gemeinde zu reinen Zuhörern einer Feier zu machen, die der Klerus am Altar vollzieht, teils durch die Ikonenwand in byzantinischen oder durch den Lettner in katholischen Kirchen den Blicken der Laien entzogen. Als Folge der Reformation verlor der Lettner im Katholizismus jedoch seine Bedeutung, das Zweite Vatikanische Konzil rückte schließlich den Altar wieder in die Mitte des Kirchenraums und ließ den Priester zur Gemeinde und nicht mit dem Rücken zu ihr sprechen.

Disparater haben sich die protestantischen Gottesdienstformen entwickelt. Sie reichen von moderaten Anlehnungen an die katholische Liturgie im Anglikanismus und Luthertum bis hin zu modernen erlebnisintensiven, mit Elementen populärer Kultur angereicherten Formen in den Freikirchen. Auch wenn es auf den ersten Blick kaum möglich erscheint, etwa einen Gottesdienst mit zungenredenden Pfingstlern und eine römische Messe als Riten ein- und derselben Religion zu verstehen, eint die Vielfalt der christlichen Gottesdienste doch manches. Alle Gottesdienste lassen vier Strukturelemente erkennen. Der Einführungsteil thematisiert den Übergang von der profanen Alltagswelt in die gottesdienstliche Feier. Auf einer zweiten Ebene werden die Feiernden meist durch Lesungen und Gebete auf das Zentrum des Gottesdienstes vorbereitet. Im Zentrum des Gottesdienstes steht drittens die Feier der Gegenwart Gottes. Alle Gottesdienstformen enden viertens mit einem Sendungsteil, in dem die Feiernden wieder hinaus in die Welt entlassen und gesegnet werden. Von der alten liturgischen Formel *Ite, missa est* – «Gehet hin, ihr seid gesandt» – hat die katholische Messe ihren Namen.

Im katholischen und orthodoxen Christentum ist die Eucharistie die höchste Gestalt göttlicher Gegenwart in der Welt. Die byzantinische «Göttliche Liturgie» feiert dies als Geheimnis, im katholischen Gottesdienst ist die Eucharistie der Gipfelpunkt eines sakramentalen Verständnisses göttlicher Gegenwart. Christus ist in den Elementen – aus Sicht des Kirchenvolkes vor allem in der Hostie – nach der liturgisch zelebrierten Wandlung real anwesend. Die Hostie hat substantiell Anteil an dem Leib, den sie sinnlich wahrnehmbar repräsentiert. Protestantische Kirchen verlegen die Präsenz Gottes in ein eher sprachliches Geschehen. Im Hören und Nachdenken über die Worte der Bibel und deren Auslegung in der Predigt ereignet sich Gottes Anwesenheit in der Innerlichkeit der Feiernden. Charismatische Gemeinden begehen die Präsenz Gottes als Herabströmen des Heiligen Geistes. Im Zentrum stehen Ereignisse wie Zungenreden und Heilungswunder, die bezeugen sollen, wie Menschen von der Präsenz des Geistes ergriffen und verwandelt werden.

Zu dieser überwiegend auf den Sonntag ausgerichteten Feier des Gottesdienstes kommen Riten hinzu, die an menschlichen Lebensphasen ausgerichtet sind. Tauf-, Trau- und Bestattungsriten markieren allesamt wichtige Übergänge eines menschlichen Lebens, man bezeichnet sie darum auch als Übergangsriten (rites de passage), praktisch-theologisch als Kasualien. Sie symbolisieren, wie die Kraft der erlösenden Gegenwart Gottes in den Anfang des Lebens, in einen neuen Lebensabschnitt und schließlich in den Tod hineinwirkt.

Über das Individuelle hinaus geht die symbolische Gestaltung von Raum und Zeit, mit der der christliche Ritus die ihn umgebende Kultur beeinflusst. Von Kirchtürmen bis zu Kreuzen am Wegesrand gibt es in mehrheitlich christlichen Ländern eine sichtbare Prägung der Kulturlandschaft. Das betrifft auch die Zeit. Kirchliche Feste strukturieren den Jahreskreislauf, der im Kirchenjahr mit dem Advent beginnt und über das Weihnachtsfest, die Epiphaniaszeit, die Fastenwochen, das Osterfest und Pfingsten bis hin zu den stillen Sonntagen im November reicht, die dem Totengedenken gewidmet sind. Christliches Brauchtum bestimmt schließlich auch die Zeitrechnung, die den Lauf der Geschichte in eine Epoche vor und eine nach Christi Geburt einteilt.

Die herausragende Leistungskraft des Ritus liegt in dem, was die Kulturwissenschaften Performanz nennen. Er vergegenwärtigt das, was er darstellt, im Vollzug seiner Darstellung. Der Ritus denkt nicht über die göttliche Gegenwart nach, sondern feiert sie und zieht damit die Teilnehmenden unmittelbar und sinnlich wahrnehmbar hinein in dieses Geschehen. Daher nutzt der Ritus intensiv kulturelle Ausdrucksformen wie Architektur, Musik und Kunst. Ästhetische und religiöse Dimensionen menschlicher Erfahrungen bedingen sich in ihm wechselseitig. Darin liegen Grenze und Größe des Ritus. In ihrer Unmittelbarkeit können Riten unverständlich und fremd sein oder im Laufe der Zeit fremd werden. Dann bleibt die Ritualpraxis stumm, sie kann zu bloßem Brauchtum herabsinken oder erlischt ganz. Wenn er jedoch, wie dies in den vielen Gottesdienstformen des Christentums geschieht, die Feiernden berührt und ergreift, führt der Ritus in seiner sinnlichen Kraft Menschen hinein in das Geheimnis göttlicher Gegenwart.

4. Kultur: Mit Steinen, Tönen, Bildern und Dichtung predigen

Das Christentum hat in seiner rituellen Praxis, aber auch grundsätzlich in der Vermittlung seiner Inhalte, Überzeugungen und Erfahrungen auf die Ausdrucksmöglichkeiten zurückgegriffen, die es jeweils in seiner umgebenden Kultur vorfand. Am stärksten hat das westliche Christentum diese Inkulturation genutzt. Das zeigt sich in einem produktiven Umgang mit Architektur, Kunst, Musik und Literatur.

Kirchenbau

Kirchengebäude zählen heute zu den offensichtlichsten Erscheinungsformen des Christentums. Das war nicht immer so. Als marginalisierte Religion konnte das Christentum im Römischen Reich lange keine öffentlich sichtbaren Bauten errichten. Theologen wie Origenes machten aus dieser Not eine Tugend. Tempel und andere Gotteshäuser aus Stein seien etwas für Heiden, nicht aber für Christen, die ihren Gott im Herzen verehren. Konstantins Religionspolitik machte Kirchenbauten möglich, doch ein pragmatischer Grundzug blieb erhalten. In dem vom Kaiser geförderten umfangreichen Bauprogramm übernahm das Christentum die römische Basilika, die als großer Versammlungsraum und Markthalle diente, als maßgeblichen Bautyp auch für die Kirchen. Die dreischiffige Basilika, der im Christentum eine prägende Rolle zukam, verdankt sich also zunächst pragmatischen Motiven und wurde erst allmählich vor allem durch die innere Ausgestaltung christianisiert. Die Ostung der Kirchen verkörperte die Ausrichtung auf das erste Licht des Tages als Symbol der Auferstehung, die Apsis wurde zum Ort des Altars, der im Zentrum der Liturgie stand. Die Kirchen Santa Sabina in Rom oder Sant'Apollinare in Classe in Ravenna vermitteln noch heute einen Eindruck, der vermutlich nahe an die christliche Basilika der Antike herankommt.

Abb. 1: Die im frühen 6. Jahrhundert südlich von Ravenna gebaute Kirche Sant' Apollinare in Classe zeigt die Anlehnung des christlichen Kirchenbaus an die Architektur der dreischiffigen römischen Basilika.

Abb. 2: Die Hagia Sophia wurde im 6. Jahrhundert in Konstantinopel in der einmaligen, architektonisch kühnen Form einer Kuppelbasilika erbaut. Das Bild zeigt sie um 1890, als sie – wie heute wieder – als Moschee genutzt wurde.

Abb. 3: Der Neubau der Abteikirche von Saint-Denis nördlich von Paris begann im 12. Jahrhundert unter dem Einfluss des Abtes Suger. Die Kathedrale wurde prägend für den gotischen Stil und die damit verbundene Lichtsymbolik.

Abb. 4: Brunelleschis Kuppel des Florentiner Doms Santa Maria del Fiore ist eine architektonische Meisterleistung, die das Kirchenbauideal der Renaissance verkörpert.

Abb. 5: Die Kirche Notre Dame du Haut des Architekten Le Corbusier gilt in ihrer reichen und zugleich auch freien Symbolsprache als Meisterwerk des modernen Kirchenbaus.

Die Idee, in den architektonischen Formen ein religiöses Anliegen auszudrücken, prägte den christlichen Kirchenbau. Einen eigenständigen Weg gingen im 6. Jahrhundert die Baumeister in Konstantinopel. Mit der Hagia Sophia schufen sie eine der bedeutendsten Kirchen des Christentums. Das Bauprogramm war von hoher Ingenieurskunst, aber auch von einer ganz eigenen Theologie geprägt. Der erhabene Zentralbau, der auf besondere Lichteffekte setzte, sollte der Unsicherheit und den Krisenphänomen jener Zeit eine triumphale Gewissheit christlicher Weltüberwindung entgegenstellen. Die romanischen Kirchen des Mittelalters, wie beispielsweise der Dom in Speyer, glichen wehrhaften Burganlagen und sollten so die Kirche als Ort der Sicherheit und Geborgenheit symbolisieren. Die gotische Kathedrale brachte technische Innovationen wie Kreuzrippen und Baldachine mit der damals theologisch populären neuplatonischen Lichtmetaphysik zusammen. Entlang den Wegen des Lichts steigt der menschliche Geist über die sinnlich-materiale Welt hinauf zur intelligiblen Sphäre des Kosmos und kehrt so zu seinem Ursprung zurück. Diese Grundgedanken setzte der gotische Kathedralbau durch die besondere Anordnung der Portale und die nach oben aufsteigenden gewaltigen Fensterformationen um.

Die Renaissance orientierte sich wieder stärker an antiken Formidealen und bevorzugte den Zentralbau, um Harmonie und Einheit des Kosmos zu symbolisieren. In Florenz schuf Brunelleschi mit der Kuppel des Doms Santa Maria del Fiore eine der Meisterleistungen der Renaissance-Architektur. Der Baumeister Andrea Palladio galt hingegen als Genie der formvollendeten Harmonie, wie sich insbesondere an seinen in Venedig errichteten Kirchen und Kirchenfassaden studieren lässt. Die Peterskirche in Rom verschliss bei ihrem Neubau, der sukzessive die alte Petersbasilika aus konstantinischer Zeit ablöste, über ein Jahrhundert lang nahezu allen, die in Italien als Baumeister Rang und Namen hatte. Das in der Renaissance begonnene Projekt verdankte die Kuppel Entwürfen Michelangelos und erhielt seine barocke Endgestalt mit dem Ensemble, zu dem auch der Petersplatz und die Kolonnaden gehören, im 17. Jahrhundert durch Bernini. Die Barockarchitektur, die bis heute in Rom unübersehbar prägend ist, setzte auf Wucht und gesteigerte Sinnlichkeit, die in den Bereich des Göttlichen emporheben sollten.

In der Moderne tat und tut sich das Christentum ungleich schwerer, Kirchenbauten aus einem klar erkennbaren religiösen Anliegen hervorzubringen. Der Historismus des 19. Jahrhunderts verzichtete ganz darauf und empfahl eine Orientierung an vergangenen historischen Baustilen. Neuere Kirchenbauten wie beispielsweise Le Corbusiers Notre Dame du Haut durchbrechen diese «Stillosigkeit» der Moderne und erzeugen ein eigenes religiöses Raumgefühl. Die christliche Architektur lebt von der Idee, in Kirchenbauten mit Steinen zu predigen und den Kirchenraum zum Ort erfahrbarer Transzendenz zu machen.

Musik

Mit offensichtlicher Selbstverständlichkeit haben die frühen Christinnen und Christen aus dem Judentum Musik und Gesang übernommen, da Musik sich bestens eignet, Stimmungen zu erzeugen und zu transportieren. Von der außerordentlichen

Wirkkraft der Musik auf das religiöse Gemüt berichtete schon der Kirchenvater Augustinus (*Bekenntnisse* IX 6). Er schildert, wie ihn zunächst die Musik in den Gottesdiensten zum Christentum hinzog. Von der Gregorianik bis zum Barock ist die Geschichte der abendländischen Musik eng an die Kirchenmusik gebunden. Die einstimmige Gregorianik spielt in ihrer feierlichen, aber auch fast mathematisch-rationalen Getragenheit bis heute im klösterlichen Stundengebet eine wichtige Rolle. Mit der Einführung der Mehrstimmigkeit im hohen Mittelalter ließ sich eine differenziertere Affektwirkung erzielen. Komponisten wie Palestrina und Monteverdi nutzten dies in der Renaissance zur klanglichen Intensivierung der Harmonien.

Im konfessionellen Zeitalter maß vor allem das Luthertum der Musik eine besondere Bedeutung zu. Luther schätzte und förderte das Kirchenlied, weil er in ihm eine Möglichkeit sah, die Gemeinde zur Mitwirkung am Gottesdienst anzuregen. Im Barock gelangte die protestantische Kirchenmusik in den Oratorien Georg Friedrich Händels und mit Johann Sebastian Bach zu ihrem Höhepunkt. In der Vertonung biblischer Themen setzten die Komponisten die Musik rhetorisch als Affektverstärkung ein und offerierten ihren Hörerinnen und Hörern eine musikalisch-affektive Bibelauslegung. Bach schuf mit seinen Kantaten und Passionen eine musikalische Kompensation für den wortlastigen lutherischen Gottesdienst, die bewegen, ergreifen und mitreißen konnte. In Bachs Musik ging die eigene Welterfahrung auf in einer ewig währenden göttlichen Harmonie. Darin liegt die Faszination seiner Musik. Sie greift hinaus auf jene göttliche Ordnung, die man schwer denken, kaum glauben, aber offensichtlich doch hören kann.

Auch in den geistlichen Werken Mozarts, Beethovens und anderer brachte die Musik eine Seite des Welterlebens zum Klingen, die jenseits der Macht der Worte liegt und dennoch tief berührt. Durch diese Erfahrungen kam im 19. Jahrhundert die Frage auf, ob nicht die Musik als eigenständige Ausdrucksform des Transzendenten der Sprache und den Worten überlegen sei. Die Vertreter einer Theorie der «Absoluten Musik» bezeichneten die ästhetische Erfahrung der Musik in ihrer unaussprechlichen und unauslotbaren Vagheit als die Höchstform einer Offenbarungserfahrung. Diese «Ästhetisierung der Religion» ist weit mehr als nur ein romantischer Spleen. Die Emanzipation der Musik zeigt, wie das Christentum in der Moderne auch jenseits der traditionellen Formen kirchlicher Religiosität angemessene Ausdrucksformen seines eigenen Welterlebens gefunden hat.

Malerei

Das alttestamentliche Bilderverbot hallt im Christentum bis heute in der Sorge nach, es könnte ein Bild anstelle des unsichtbaren Gottes götzengleich verehrt werden. Andererseits sehnt sich jedoch die religiöse Vorstellungskraft nach Bildern. Der Bilderstreit, der die byzantinische Kirche im Frühmittelalter lange beschäftigte, kommt zu einer theologisch aufwändigen und bis heute in der liturgischen Praxis wirkmächtigen Lösung. Die Ikonen, die Christus oder die Gottesmutter abbilden, haben substanzhaft Anteil an dem, was sie darstellen. Sie sind Abbilder der göttlichen Wirklichkeit. Das verpflichtet die Ikonenmaler dazu, die Formgesetze streng einzuhalten und alle individuelle Kreativität zurückzudrängen. Die Gleichförmigkeit der Ikonen durch die Jahrhunderte hindurch ist Resultat dieser religiösen Praxis.

Das westliche Christentum ging andere Wege. Unter Gregor dem Großen und den Karolingern etablierte sich ein pragmatischer Umgang mit Bildern. Sie sollten der Veranschaulichung religiöser Motive dienen. Die Kirche nahm die Kunst mit einem erzieherischen Interesse in den Dienst. Der Maler Giotto präsentierte den gekreuzigten Christus so realistisch und naturnah, dass sein Kruzifix in der Florentiner Kirche Santa Maria Novella zu einem Ereignis wurde. Es nahm seine Betrachterinnen und Betrachter mit hinauf nach Golgatha. Die Bildbetrachtung wurde selbst zu einer religiösen Erfahrung. Damit emanzipierte sich die Kunst in der Renaissance von einer didaktischen Instrumentalisierung. Raffael und Michelangelo setzten diese neuen religiösen Möglichkeiten der Kunst in höchster Vollendung um. Michelangelo fügte in seinem Deckenfresko in der Sixtinischen

Abb. 6: Die Christus-Pantokrator-Ikone aus dem Katharinenkloster auf dem Sinai stammt bereits aus dem 6. Jahrhundert. Die Christusdarstellung wurde für die byzantinische Ikonenmalerei prägend.

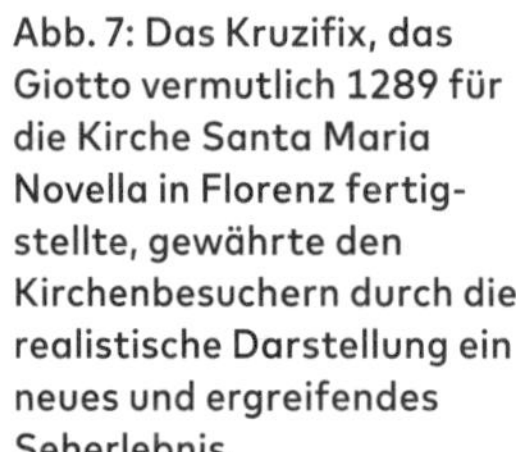

Abb. 7: Das Kruzifix, das Giotto vermutlich 1289 für die Kirche Santa Maria Novella in Florenz fertigstellte, gewährte den Kirchenbesuchern durch die realistische Darstellung ein neues und ergreifendes Seherlebnis.

Abb. 8: Ins Zentrum des Sixtinischen Deckenfreskos malte Michelangelo die Erschaffung Adams. Das berühmte Bild verkörpert Michelangelos Idee vom Menschen, zu der ihn die Philosophie und Theologie der Renaissance inspirierten.

Abb. 9: Caspar David Friedrichs «Kreuz im Gebirge» verband christliche Symbolik mit Naturfrömmigkeit und löste damit nach seiner Fertigstellung 1808 eine Debatte über die Möglichkeiten und Grenzen religiöser Kunst aus.

Kapelle die großen christlichen Themenkomplexe Schöpfung und Erlösung ineinander. Er erzählt das Geheimnis des Weltdramas und der Erlösung in machtvollen religiösen Bildern, die sich tief in die menschliche Vorstellung einprägen.

Auf eine neue Weise zeigte sich die Kraft der Kunst, Menschen innerlich religiös zu berühren, in der Romantik. Caspar David Friedrich versuchte etwas von Friedrich Schleiermachers romantischer Idee der Religion als «Anschauung und Gefühl des Universums» umzusetzen. Bilder wie das *Kreuz im Gebirge* oder der *Mönch am Meer* geben davon einen Eindruck. Friedrich malte realistisch, und doch weiß der Betrachter sofort, dass es keine dieser Landschaften wirklich gibt. Stets schimmert etwas Größeres, eine unendliche Dimension, durch. Friedrichs Kunst bearbeitet, was die Naturerfahrung im Innern des Menschen auslöst, sie transformiert die religiöse Stimmung in ein Hinausblicken, Ahnen, Fragen, Träumen und Sinnen ins Offene hinein. Das eröffnet Berührungspunkte zu mystischen Frömmigkeitsstilen. Die Möglichkeiten der Kunst, die geheimnisvolle Seite des menschlichen Welterlebens zum Ausdruck zu bringen, übte auf Maler der Moderne wie Wassily Kandinsky und seine Kreise große Anziehungskraft aus.

Literatur

Das Christentum brachte religiöse Erfahrungen und Lehren von Anfang an literarisch zum Ausdruck. Das Neue Testament nutzt vor allem in den Evangelien die Möglichkeiten der Literatur. Das mittelalterliche Epos des italienischen Dichters Dante Alighieri zählt zu den zeitlosen Werken christlicher Kultur. Dante schildert in der *Divina Commedia* die imaginäre Reise, die ihn durch Hölle und Fegefeuer hindurch schließlich hinauf in den Himmel führt und zum ewigen Licht Gottes. Die *Göttliche Komödie* nimmt die Leserinnen und Leser mit hinein in die existentielle Suchbewegung nach der göttlichen Ordnung. Die Bilder, die Dante von Hölle, Fegefeuer und Himmel erschuf, haben vom Mittelalter bis in die Moderne christliche Vorstellungen und Darstellungen vom Jenseits geprägt. John Miltons *Paradise Lost* ist ein prominentes Beispiel.

Das Christentum nutzte auch neue literarische Gattungen und wirkte an der Entstehung des modernen Romans mit. Daran waren wesentlich englische Puritaner beteiligt, die Kultur und den schönen Künsten reserviert gegenüberstanden. John Bunyan veröffentlichte 1678 mit *The Pilgrim's Process* ein Erbauungsbuch, das alle Vorzüge des Romans nutzt. Die Heilsbotschaft ist in dem Roman keine allgemeine, abstrakte, überweltliche Verkündigung mehr, sondern bewährt sich in den konkreten Lebenssituationen eines Menschen. Gut eine Generation später publizierte 1719 Daniel Defoe, der sich wie John Bunyan den Puritanern angeschlossen hatte, mit *Robinson Crusoe* einen christlichen Roman, der Weltliteratur wurde. Angeregt durch die Lektüre der Bibel, die er auf dem Schiffswrack bergen kann, sieht Robinson seine eigene Lebensgeschichte wundersam von der Hand Gottes gelenkt. Gottes Plan gibt der Geschichte und dem Leben des Einzelnen Sinn.

Die Möglichkeiten der Literatur, mit religiösen Themen umzugehen, durchzieht auch die Literatur der Moderne. Herman Melville, Fjodor Dostojewski und Leo Tolstoi sind berühmte Beispiele dafür, wie Schriftsteller in ihren literarischen Figuren zentrale Motive des Christentums aufscheinen lassen.

In allen hier beschriebenen Kulturformen setzte im 19. Jahrhundert ein markanter Wandel ein, der als «Emanzipation der Kunst» von der Religion und Erscheinungsform der Säkularisierung betrachtet wird. Dies ist ein vorschnelles Urteil. Zwar emanzipieren sich Architektur, Kunst, Musik und Literatur in der Moderne von traditionellen religiösen Vorgaben, aber nicht in jedem Fall auch von religiösen Themen. Wassily Kandinsky und seine Diskussionen mit dem Komponisten Arnold Schönberg sind ein Beispiel für das anhaltende Interesse der Kultur, das Geheimnisvolle des Lebens zu erfassen. Ähnliches lässt sich in der Literatur beispielsweise von Franz Kafka oder heute von Christoph Ransmayr sagen. Die Auseinandersetzung mit den großen Lebensfragen geschieht auch ohne eine explizit religiöse Sprache. Fragen nach dem Sinn des Lebens, nach Schuld, Erlösung und nach der geheimnisvollen Gegenwart Gottes in der

Welt werden in der modernen Kunst, Musik und Literatur in Formen behandelt, die jenseits der religiösen Tradition aus der Lebenserfahrung der Menschen hervorgehen. Bisweilen geschieht dies in der modernen Kultur sogar anregender als da, wo die kirchliche Verkündigung ausschließlich auf die Sprache der christlichen Tradition fixiert ist. Die Kultur der Moderne ist darum mit ihren neuen Ausdrucksformen für das Christentum eine Quelle stärkster Anregungen, um die geheimnisvolle Gegenwart Gottes in der Welt in die Lebenswirklichkeit der Menschen heute hineintragen zu können.

III. Motive des Christentums

Die Lebensformen, die das Christentum ausgebildet hat, gründen in christlicher Perspektive in einem einzigen Kraftzentrum: Gott ist in der Welt gegenwärtig, um Mensch und Welt zu erlösen. Davon handeln bereits die großen Erzählungen des Alten Testaments, die das Christentum tief geprägt haben. Gott erschafft vor dem Anbeginn der Zeiten Welt und Mensch, er begleitet die Menschheit auch nach deren selbstverschuldeter Vertreibung aus dem Paradies. Er führt die Erzväter, er befreit durch Mose Israel aus Ägypten, er macht mit David eine lichtvolle Gestalt zum König und verlässt sein Volk auch nach dessen politischer Katastrophe nicht. Die Werkzeuge der göttlichen Führung sind Propheten, die Gott auserwählt, beauftragt und zu seinem Volk sendet. Ohne diesen narrativen Rahmen des Alten Testaments ist das Christentum nicht zu verstehen. Es knüpft daran an, verdichtet jedoch die erlösende Gegenwart Gottes in die Person Jesus Christus. In ihm wird Gott selbst in der Welt sichtbar, um die Menschheit durch die Geschichte hindurch ihrem Ziel entgegenzuführen. Der Zusammenschluss von Altem und Neuem Testament erzählt darum die Geschichte der Gegenwart Gottes vom Anfang bis zum Ende der Welt.

Die großen Erzählungen der Bibel eröffnen mit den Mitteln des Mythos Vorstellungswelten, die Menschen helfen, ihren Platz im Universum zu finden. Die Kraft der Erzählungen sagt mehr, als Menschen begreifen können. Darin liegt ihre Stärke. Doch will die menschliche Vernunft auch begreifen, was sie glaubt. Darum hat das Christentum von Anfang an dem «Mythos» den «Logos» an die Seite gestellt und eine theologische Denktradition begründet, die das zentrale Thema der erlösenden Gegenwart Gottes entfaltet und mit vernünftigen Gründen plausibel zu machen versucht. Jede Zeit weiß sich also immer schon hineingestellt in eine ihr zukommende christliche Denktradition, die größer ist als sie selbst. Häufig werden die wichtigsten Inhalte dieser Tradition als Dogmen bezeichnet. In einigen Konfessionen wie insbesondere im Katholizismus verbindet sich damit der Anspruch, die kirchliche Lehre als Glaubenswahrheit auszugeben. Andere wie der europäische Protestantismus liberaler Prägung halten zwar an der Verbindlichkeit von christlichen Ideen und Motiven fest, lassen sich aber nicht allein von der Vergangenheit das Denken diktieren. Denn auch die Theologie unterliegt dem allgemeinen kulturellen Wandel.

1. Das Gesicht des Weltgrundes

Das Grundmotiv des Christentums ist der Glaube daran, dass Gott sich in dem Menschen Jesus Christus zeigt. Dessen Worte und Taten offenbaren, wie das Göttliche in diese Welt kommt und das Leben der Menschen verwandelt. Im Sterben Jesu Christi scheint ein tieferer Sinn der Wirklichkeit durch, Gott versöhnt sich mit den Menschen. Seine Auferstehung von den Toten ist für Christen ein Zeichen für die bleibende Präsenz Christi «alle Tage bis an der Welt Ende», wie es am Schluss des Matthäusevangeliums heißt.

Mit der Grundannahme, dass sich Gott in der Welt zeigt, reiht sich das Christentum in die Offenbarungsreligionen ein. Auch hier ist das alttestamentliche Erbe essentiell. Gott begegnet Menschen und tut ihnen seinen Willen kund. Gottes Stimme in Menschen, in der Geschichte oder in der Natur dient einem Ziel. Die biblische Offenbarung ist nicht einfach eine Kundgabe göttlicher Wahrheiten, sondern *erstens* stets auf das Ziel der Erlösung gerichtet. In der Terminologie der Dogmatik: Offenbarung und Soteriologie gehören zusammen. Die Vorstellung, dass Gott sich in der Welt zeigt, rückt die Offenbarung *zweitens* hinein in die Welt menschlicher Erfahrung, sie kann erlebt und verstanden werden. Menschen sprechen von Offenbarung, wenn sie sich von einer Dimension angesprochen, ergriffen und berührt fühlen, die sie als übernatürlich und göttlich verstehen. Offenbarungen sind Erfahrungen, die als rätselhaft, von «woandersher» ausgelöst, erlebt werden. Enthüllung und Erleuchtung sind die Formen dieser Erfahrung, «Gott» ist der Name, um dieses «Woandersher» zu bezeichnen.

Kern der göttlichen Offenbarung ist die Person Jesus Christus. Durch ihn erhält Gott als der Grund der Welt ein Gesicht. Die altkirchlichen Dogmen von Nizäa (325) und Chalcedon (451) drehen sich um die Person Jesus Christus (siehe S. 22). Das unterstreicht, wie dringlich für das antike Christentum die Aufgabe war, Jesus Christus als Erscheinungsform des Göttlichen zu begreifen. Das Konzil von Nizäa legte fest, dass der Sohn mit dem Vater wesensgleich ist. Damit sollte sichergestellt werden, dass Jesus Christus nicht *irgendein* göttliches Wesen oder gar nur ein besonderer Mensch, sondern wirklich und ganz Gott selbst ist. Im darauffolgenden Jahrhundert bearbeitete das Konzil in Chalcedon das christologische Problem, das sich aus Nizäa mit geradezu logischer Notwendigkeit ergab. Wie kann Gott in einem Menschen gegenwärtig sein? Die Zwei-Naturen-Lehre besagt, dass Jesus Christus wahrer Gott und wahrer Mensch ist. Schon die Frage jedoch, wie die Einheit der zwei Naturen zu denken ist, konnte das Konzil letztlich nur in Rätseln formulieren. Die beiden Naturen sind in Christus «unvermischt», aber auch «ungetrennt» vereint. Das Göttliche in ihm zeichnet Jesus Christus als Mensch aus. Denn in ihm ist wie in niemandem und nichts sonst das Göttliche präsent, um Mensch und Welt zu erlösen. Schon das frühe Christentum hat dies ins Universelle geweitet. Christus existiert in Gott vor aller Zeit, in ihm werden der Plan und die Absicht des Universums sichtbar. Bis heute müht sich die christliche Theologie aller Konfessionen damit ab, das Besondere der Person Jesu Christi zu verstehen.

Die klassische Formel, dass Christus für die Sünden der Menschen, «für uns», gestorben ist, unterstreicht die enge Verbindung von Gottesgegenwart und Erlösung. Die Erlösung durch Christus denkt das Christentum weit: Christi Tod am Kreuz ist *erstens* ein religiöses Opfer, er erbringt darin *zweitens* eine Satisfaktionsleistung, um Gott zu versöhnen, er gibt sich *drittens* freiwillig als Tat der Liebe für die Freunde hin, und er erscheint *viertens* als letztgültiges Ur- und Vorbild der Menschen. Einig sind sich diese soteriologischen Auffassungen darin, dass die Kraft der Präsenz Gottes in Jesus Christus Mensch und Welt in den Erlösungsprozess hineinnimmt. In seinem Tod und in seiner Auferstehung leuchtet eine Dimension der Wirklichkeit auf, in der die Gesetze des Kampfes und der Selbstdurchsetzung allen Lebens aufhören. In diesem Geheimnis liegt das Kraftzentrum des Christentums.

Alles, was Menschen von Gott als Grund der Welt wissen können, erfahren sie durch die Person Jesus Christus. Darin unterscheidet sich der christliche Gott trotz aller Berührungspunkte von philosophischen Gottesbildern. Um diesen Unterschied deutlich zu machen, bezeichnete die antike Theologie Gott als eine Person und grenzte sich damit von einem Verständnis ab, das Gott allein als formalen Grund, logisches Prinzip oder Idee dachte. Der spätantike christliche Philosoph Boethius (480/485–524/526) verstand unter dem Begriff «Person» eine «individuelle Substanz rationaler Natur» *(rationalis naturae individua substantia)*. Boethius zielte wie vor ihm schon die antike Trinitätstheologie mit der Einführung des Person-Begriffs darauf, Gott als konkretes Einzelwesen mit rationalen Wesenszügen wie Verstand und Wille zu bestimmen.

Die Rede von Gott als Person sorgt bis heute für Missverständnisse und verleitet zu anthropomorphen Gottesbildern, die sich Gott wie einen Menschen vorstellen. Mit «Person» soll jedoch ausgedrückt werden, dass sich Gott in der Erfahrung als ein konkretes Gegenüber erweist. Der christliche Gott ist nicht ein stummer Urgrund oder ein abstraktes Prinzip, sondern an einem Wollen und einer Absicht zu erkennen. Wenn die dogmatische Tradition Gott als ewig, allgegenwärtig, allmächtig und allwissend beschreibt, dann ist damit gemeint, dass das «Woandersher» der Offenbarung als ein Grund erfasst wird, der sich unendlich von dem unterscheidet, was Menschen aus ihrer Lebenswelt kennen. Die Eigenschaften heilig, gerecht und barmherzig benennen den unüberbrückbaren moralischen Abstand zwischen fehlbaren Menschen und der vollkommenen Reinheit, auf die Menschen in der Gotteserfahrung treffen. Die göttlichen Attribute Liebe und Weisheit thematisieren den Kern der Erlösung. Im Zentrum der christlichen Gottesbegegnung steht ein die Welt mit unendlichem Wohlwollen tragender und sie in einer höheren Ordnung bergender Grund.

Für das Christentum zeigt sich in Jesus Christus allem Irr- und Widersinn der Welt zum Trotz ein freundliches, ein zugewandtes, annehmendes, Welt und Menschen bejahendes Gesicht Gottes. Im Johannesevangelium verkündet Jesus seine künftige Gegenwart in der Welt als die Präsenz seines heiligen Geistes, Lukas feiert in der Apostelgeschichte die Geistausgießung über die Gemeinde nach der Himmelfahrt Christi. Dies sind die mythischen Verdichtungen der trinitarischen Grundannahme des Christentums, dass sich das Gesicht des göttlichen Weltgrundes in dem Menschen Jesus Christus zeigt. Dieses Gesicht bleibt in der Welt gegenwärtig in der Kraft des Geistes Christi, der in Menschen, in der Geschichte und in der Natur wirkt. Die erlösende Gegenwart Gottes in der Welt ist die Gegenwart seines Geistes.

2. Glanz und Elend der Menschen

Die Gegenwart Gottes erfahren Menschen in sich selbst. Die Begegnung mit einer Dimension der Wirklichkeit, die sie als göttlich bezeichnen, verändert die Selbsterfahrung der Menschen grundlegend.

Der Anfang der Bibel erzählt davon im einem berühmten Mythos. Gott schließt die Weltschöpfung mit der Erschaffung der Menschen ab (Gen 1). Adam und Eva führen als Urpaar der Menschheit ein Leben in paradiesischer Unschuld. Doch sie erliegen den Verlockungen der Schlange, die spätere Traditionen als eine Erscheinung des Satans interpretierten, vom Baum der Erkenntnis zu essen. Zur Strafe vertreibt Gott Adam und Eva aus dem Paradies und bestimmt sie zu einem Leben in Mühe (Gen 3). Die Erzählung der Urgeschichte fasst Gottebenbildlichkeit und Sündenfall als die beiden entgegengesetzten Pole auf, die das Menschsein ausmachen.

Die Idee der Gottebenbildlichkeit der Menschen geht auf eine berühmte Stelle des Schöpfungsmythos zurück. Dort heißt es:

«Und Gott sprach: Lasset uns Menschen machen, ein Bild, das uns gleich sei. [...] Und Gott schuf den Menschen zu seinem Bilde, zum Bilde Gottes schuf er ihn; und schuf sie als Mann und Frau.» (Gen 1,26–27) Paulus übernimmt diese religiöse Auszeichnung der Menschen mit erstaunlicher Selbstverständlichkeit, verleiht ihr aber eine spezifisch christliche Deutung. Er hält fest, dass sich im Antlitz der Menschen die Herrlichkeit Christi widerspiegele, und fährt dann fort: «Und wir werden verwandelt in sein Bild von einer Herrlichkeit zur andern von dem Herrn, der der Geist ist.» (2 Kor 3,18b) Das Ideal der Gottebenbildlichkeit, in das hinein alle Menschen verwandelt werden, erscheint in Jesus Christus. Gottebenbildlichkeit ist für Paulus keine Zustandsbeschreibung, sondern sie bedeutet eine noch ausstehende Transformation durch die Kraft des göttlichen Geistes. Der Mensch muss erst noch werden, was er ist.

Die theologisch schönste und wirkungsvollste Entfaltung der Lehre von der Gottebenbildlichkeit entstand in der Renaissance. Philosophen und Theologen nutzten die biblischen Quellen, aber auch Elemente der platonischen Philosophie. Denn diese stellte interessante Beschreibungen bereit, wie Menschen ihre eigene Geistigkeit als etwas Göttliches erfuhren. Marsilio Ficino entfaltete das zugehörige metaphysische Modell eines christlichen Platonismus, das den Menschen eine Mittelstellung im Aufbau des Kosmos zuwies. Er verstand das menschliche Leben als eine Art Exil. Gott hat die menschliche Seele aus ihrem göttlichen Ursprung in die Welt gesetzt, damit sie dort als Statthalter die göttlichen Prinzipien gegenüber der Materie verwirklicht, während sie über die Kraft ihres Denkens und Wollens zu ihrem göttlichen Ursprung zurückkehrt. Ficinos Schüler Pico della Mirandola übersetzte dieses philosophische Programm in seiner *Rede über die Würde des Menschen* in einen breitenwirksamen Appell. Gott hat dem Menschen als einzigem Lebewesen die Freiheit verliehen, sich selbst und sein Leben zu gestalten. Gottebenbildlichkeit ist eine Aufgabe, die göttliche Dimension im Menschen gleich einem Künstler durch die je eigene Lebensführung zu realisieren. Michelangelo, der in seiner Zeit in Florenz vermutlich Kontakt zu Ficino und Pico hatte, machte schließlich dieses Verständnis der Gottebenbildlichkeit mit seinem Fresko «Die Erschaffung Adams» in der Sixtinischen Kapelle unsterblich.

Im Umfeld des deutschen Idealismus nahm Johann Gottfried Herder das Motiv auf. Zeichen der Gottebenbildlichkeit war für ihn die menschliche Fähigkeit, sich selbst zum Humanen hin auszubilden. Vermittelt über Herders Bildungsideal wirkt das Renaissance-Konzept weit bis in unsere Gegenwart. Gottebenbildlichkeit thematisiert Erfahrungen, die Menschen über sich selbst hinausführen, um das zu erreichen, was mit ihnen und ihrem Leben gemeint sein könnte. Bei diesen Erfahrungen kann es um die Einsicht in den unendlichen Wert jedes menschlichen Lebens gehen oder um die intuitive Gewissheit, dass etwas richtig oder falsch ist. Eine kulturaffine Theologie macht Spuren der Gottebenbildlichkeit auch in ästhetischen Erfahrungen aus, wenn ein Kunstwerk oder Musikstück – oft unverhofft und plötzlich – Menschen zu einer Sicht ihrer selbst verhilft, die sie ahnen lässt, dass sie noch nicht sind, was sie sein könnten.

Die Möglichkeiten der Menschen, ihre Bestimmung zum Guten zu verwirklichen, beurteilt das christliche Menschenbild sehr realistisch. Der Gottebenbildlichkeit wirkt die Kraft der Sünde entgegen. Gemeint ist damit die existentielle Tragik des menschlichen Daseins. Mit «Sünde» ist die Erfahrung gemeint, dass Menschen dauerhaft das verfehlen, was sie sein könnten. Dabei scheitern sie nicht allein an den Umständen einer widrigen Welt, sondern immer auch an sich selbst. Eine erstaunlich erfahrungsgesättigte Lehre der Sünde haben die Theologien des Mittelalters entfaltet. Sie kategorisierten das menschliche Scheitern nach dem Grad der Schwere und erstellten eine Liste von Hauptsünden, die auch als Todsünden bezeichnet wurden. Dazu gehören Hochmut, Wollust, Völlerei, Geiz, Zorn, Neid und Trägheit des Herzens. Davon unterschieden sie die «Sünden wider den heiligen Geist», die im Gegensatz zu den Todsünden nicht einmal Gott vergeben kann. Hierzu rechneten sie Verstocktheit, Unbußfertigkeit, Vermessenheit und interessanterweise auch Verzweiflung, die alle Hoffnung aufgibt. Viele dieser Traktate sind Meisterwerke einer Psychologie des menschlichen

Scheiterns. Sie blicken der Frage ins Auge, was Menschen letztlich zu bösen Menschen macht. Sünde ist die vollkommene Fixierung auf sich selbst, die Durchsetzung eines Verhältnisses zu Welt und Menschen, das nur um sich selbst und die Befriedigung der eigenen Bedürfnisse kreist.

Für Martin Luther war Sünde nicht mehr an einzelnen Phänomenen des menschlichen Scheiterns abzulesen, sondern ein Grundzug menschlicher Existenz. Mit der Formel *homo incurvatus in se* – «der in sich selbst gekrümmte Mensch» – schuf er eine der prägnantesten Wendungen, die das energische und radikal selbstbezügliche Abschließen des Menschen in sich selbst auf den Punkt bringt.

Gegen das christliche Sündenverständnis lässt sich einwenden, dass der Mensch von Natur aus gut sei. Insbesondere im Aufklärungszeitalter wurde dieses Argument verfochten. Das Faszinosum der Sünde blieb dennoch auch in der Moderne erhalten. Denker wie Sören Kierkegaard im 19. und Paul Tillich im 20. Jahrhundert nutzten das Sündenverständnis, um über die klassische Gestalt der kirchlichen Lehre hinaus die dunklen Seiten des menschlichen Daseins zu erfassen. Kierkegaard verstand Sünde als die verzweifelte Angst, ein Selbst sein zu wollen, ohne dies jedoch sein zu können. Tillich nutzte einen Begriff, der im 19. Jahrhundert aufgekommen war, um die weltanschauliche, aber auch ökonomische Entzweiung des Menschen von seinen Lebensgrundlagen zu diagnostizieren. Er bezeichnete Sünde als Entfremdung, um die Tragik hervorzuheben, mit der Menschen vergeblich versuchen, ihrer Endlichkeit in selbstbezüglicher Überhebung zu entrinnen.

Mit dem christlichen Sündenverständnis ist ein tragischer Zug des menschlichen Daseins entlarvt, der auf einem gewissermaßen metaphysischen Egoismus beruht und einem «Transzendenzverrat» (R. Safranski) gleicht. Sünde bedeutet den krampfhaften Versuch, ganz aus eigenen Kräften Selbstgewissheit über das je eigene Dasein zu erreichen – ein Versuch, der notwendig scheitern muss und damit den Menschen immer weiter von sich selbst wegführt. Sünde ist Verlorenheit (R. Otto).

Die Sünde trifft einen neuralgischen Punkt im Selbstverständnis der Menschen. Das gilt auch für die Lehre von der Erbsünde. Der Begriff zielt darauf, Sünde als etwas allgemein Menschliches zu erfassen. Der Kirchenvater Augustinus nahm psychologisch scharfsinnig die Energie und triebhafte Kraft der Sünde ins Visier, die er in allen Menschen am Werk sah. Dass er annahm, die Erbsünde werde im Fortpflanzungsakt weitergegeben, war eine verhängnisvolle Sexualisierung der Sünde mit fatalen kulturellen Folgen. Dennoch sah Augustinus etwas existentiell Richtiges in der Erbsünde. Der Hang zum Bösen und die Tragik des Scheiterns bedrohen nicht etwa nur bedauernswerte Pechvögel, sie sind in jedes einzelne menschliche Leben als Verhängnis eingeschrieben.

Die Sündenlehre bestreitet, dass der Mensch von Natur aus einfach nur gut ist oder sich aus eigener Kraft zum Guten wenden kann. Dennoch kann man nicht von einem pessimistischen Menschenbild des Christentums sprechen, denn Sünde und Gottebenbildlichkeit gehören zusammen. Das Bewusstsein, das eigene Leben zu verfehlen, ist an die Einsicht gebunden, dass mit diesem Leben etwas anderes gemeint ist. Der Mensch ist nicht von Natur aus gut, aber er kann gut werden und Gutes in der Welt verwirklichen.

3. Die Gnade in der Welt

Der Weg zum Guten gelingt nach christlicher Überzeugung nicht aus eigener Kraft. Das, was Menschen aus ihrer Verstrickung befreit, beschreibt die christliche Tradition als die Einwirkung einer göttlichen Hilfe, die Gnade genannt wird. Darum ist das Christentum eine Erlösungs- und Gnadenreligion. Die grundlegende Einsicht des christlichen Offenbarungsverständnisses findet hier ihre konsequente Fortsetzung. Wo immer Gott in der Kraft seines Geistes in der Welt gegenwärtig ist, dient seine Präsenz dem Ziel der Erlösung. Erlösung und Gnade korrigieren oder reparieren nicht einen Defekt, sondern vollenden, was in der Erschaffung der Welt angelegt ist. Sie sind darum ein essentieller Bestandteil im Prozess der göttlichen Weltgegenwart. Erlösung ist das Ziel, Gnade das Mittel.

Das frühe Christentum hat die universale Weite des Erlösungsprozesses in eine Vielzahl von Bildern und Begriffen gefasst. Erlösung beginnt mit der «Versöhnung in Christus», die göttliche Gnade wird in Vergebung, Rechtfertigung, Wiedergeburt, Reinigung, Entrückung und Vergöttlichung der Menschen sichtbar. Gemeinsam ist allen Modellen, dass sie Erlösung als Überwindung vergänglicher Endlichkeit begreifen.

Fast allen Konfessionen ist die Überzeugung gemeinsam, dass die Lebensformen der Kirche der Ort sind, an dem die göttliche Gnade in der Welt verlässlich wirkt. Die Gegenwart Gottes in Christus setzt sich in der Einrichtung der Kirche fort. Ritus und Liturgie vermitteln diese göttliche Präsenz und geben die erlösende Kraft in den Sakramenten an die Glaubenden weiter. Darauf legt vor allem die katholische Tradition großen Wert. Der Ritus und die Institution der Kirche sind darum unerlässlicher Bestandteil des Erlösungsgeschehens.

In der Geschichte des Christentums finden sich unterschiedliche Ansichten dazu, wie sich die Wirksamkeit der Gnade in der Erlösung vollzieht. Das lateinisch geprägte Christentum konzentrierte sich auf die Verstrickung der Menschen in Sünde und Schuld. Erlösung ist nach diesem Verständnis vor allem Sündenvergebung, die theologisch in rechtlichen Kategorien beschrieben wird. Das gilt auch für die reformatorische Lehre von der Rechtfertigung der Sünder. Sie entspringt einem rechtlichen Denkansatz. Gnade ist geschenkte Vergebung. Die Grundeinsicht geht jedoch weit über die rechtlichen Kategorien hinaus. Geschenkte Vergebung bedeutet ein universales Angenommensein, eine fundamentale existentielle Anerkennung, die allen menschlichen Anstrengungen, dem eigenen Leben Sinn, Halt und Trost zu geben, immer schon vorausläuft. Der Theologe Paul Tillich hat die Vergebung als ein großes «Ja» bezeichnet, das Menschen erlaube, sich selbst zu «bejahen als bejaht» (Tillich, Mut zum Sein, 117).

Im östlichen Christentum wirkte stärker das Erbe des platonischen Weltbildes fort. Diese Traditionslinie versteht die Erlösung umfassender als Überwindung der Endlichkeit. Erlösung bedeutet Aufstieg und ein Hinaufgezogen-werden in die

Sphäre des Göttlichen. Sie ist eine Verwandlung, eine voranschreitende Vergöttlichung der Menschen. Anders als bei dem rechtlichen Verständnis steht hier die kosmologische Dimension der erhabenen Weltüberwindung im Vordergrund.

Dieser Gedanke kehrte im Zeitalter der Renaissance über den Kulturaustausch mit dem östlichen Christentum wieder in den Westen zurück und hat dort eine bemerkenswerte Erweiterung des Gnadenverständnisses angestoßen. *Gratia*, so der lateinische Begriff, ist auch eine in die Welt eingelassene Grazie und Anmut. So kommt der Erfahrung des Schönen in der Welt erlösende Kraft zu. Sie fließt in das Erleben der Menschen ein, sie ist Gegenstand individueller Erfahrung und darum nicht allein auf die Institution der Kirche beschränkt. In diesen unterschiedlichen Gnadenerfahrungen ist die Spannung zwischen den mystischen und den institutionellen Lebensformen des Christentums begründet. Doch die individuelle Dimension der Erlösung schließt die kirchliche Vermittlung nicht aus, so wie umgekehrt die christliche Erlösungsbotschaft ohne das individuelle, innere Erleben ohne Wirkung ist.

Spuren der Erlösung sind nach christlicher Überzeugung in Menschen, in der Kirche und auch in der Geschichte zu finden. Die Kraft der Gnade wirkt in Menschen und in ihren Taten zum Guten. Paul Tillich hat die Wirksamkeit der Gnade im Prozess der Welt als «Anreicherung» bezeichnet (*Systematische Theologie III*, 877). Damit ist gemeint, dass dank der je individuellen Kraft von Personen, in denen die göttliche Gnade wirkt, in der Geschichte allem Schlechten zum Trotz eine Entwicklung zum Guten zu erkennen ist, theologisch gesprochen: eine voranschreitende Durchsetzung göttlicher Gegenwart in der Vielfalt individueller Realisierungsformen.

Gnade ist nach christlicher Auffassung auch in der universalen Dimension der Welt zu erkennen. Die christliche Tradition gebraucht den Begriff der Schöpfung, um ein religiöses Weltgefühl zu artikulieren, fast müsste man sagen: zu besingen. Die großen Schöpfungstexte am Anfang der Bibel (Gen 1) und ein Psalm wie der 104. sind literarische Ausdrucksformen einer umfassenden kosmischen Dankbarkeit. Sie erzählen von einem tragenden Grund, der die Welt gütig geordnet hat und lenkt. Dass diese optimistische Weltsicht in der alltäglichen Lebenserfahrung ständig auf Widersprüche stößt, ja sogar an dem Absurden und Bösen in der Welt ganz zu zerschellen droht, thematisieren schon alttestamentliche Bücher wie Hiob oder Deuterojesaja, der zweite Teil des Prophetenbuches Jesaja. Das Widersprüchliche der Welterfahrung mündet in die Frage ein, warum es all das Böse und Leiden in einer Welt gibt, die Gott doch gut erschaffen hat. Dieses später unter dem Begriff der Theodizee verhandelte Rätsel wurde in der theologischen Tradition unterschiedlich erörtert. Göttliche Strafe, ein Gegenspieler Gottes, die Fehlerhaftigkeit des Menschen oder die Unvollkommenheit alles Endlichen sind mögliche Antworten, die bis heute diskutiert werden. Die biblischen Texte lösen die Theodizee nicht in einer rational plausiblen Antwort auf, obgleich sie keineswegs auf Argumente verzichten. Aus ihrem Ringen mit dem Geheimnis des Daseins wird ersichtlich, dass der Schöpfungsglaube nicht naiver Optimismus ist, der die Welt rosarot tüncht. Er stellt sich der Frage, wie man sich angesichts des Bösen in der Welt verhält. Die Antwort ist eine religiöse Haltung, die sich dem Bösen entgegenstellt, weil sie sich an den Spuren der göttlichen Gegenwart in der Welt festhält. Vermutlich trifft man den Geist der Schöpfungsgeschichte in Genesis 1 und Psalm 104 besser, wenn man sich seine Verfasser und Überlieferer als Menschen vorstellt, die sich diese Texte immer und immer wieder selbst vorsagen mussten, um an der Welt, in der sie lebten, nicht zu verzweifeln. Schöpfungsglaube ist Widerstand gegen das Böse in der Welt. Mit dem Begriff der Schöpfung benennt die christliche Theologie einen der widersprüchlichen Lebenserfahrung abgetrotzten Optimismus, dass die Welt zum Guten hin geschaffen ist.

Die biblischen Berichte artikulieren mit poetischen Mitteln und auf der Grundlage antiker Weltbilder die Dankbarkeit des Schöpfungsglaubens. Sie sind nicht als Aussagen im Sinne moderner Naturwissenschaften gemeint. Diesem Missverständnis sind nicht nur Gegner des Christentums erlegen, sondern auch viele Christen, wie der lange Kampf gegen ein naturwissenschaftliches Weltbild zeigt, den bis heute noch Fundamentalisten führen.

Die Erkenntnisse moderner Naturwissenschaften, dass das Universum in einem Milliarden Jahre andauernden Prozess entstanden ist, der wiederum über Millionen Jahre Leben und mit ihm die Menschen hervorgebracht hat, ist für eine religiöse Weltsicht keine Anfechtung, sondern eine Bereicherung. Die Konfliktlinie liegt auf einer anderen Ebene. Naturwissenschaften treffen keine Aussagen über Richtung und Ziel der Welt. Das Universum kann schön und faszinierend sein, aber mit naturwissenschaftlichen Mitteln ist kein Sinn auszumachen. Nicht die Evolutionslehre an sich, sondern ihre Absage an jede Form von Teleologie irritiert das religiöse Empfinden. Denn dann sind sowohl die Entstehung des Universums als auch das Auftauchen des Menschen Produkte des puren Zufalls ohne Sinn und Absicht. Darin liegt die eigentliche Herausforderung der Naturwissenschaften für die Religion. Die entscheidende Frage ist, ob das christliche Weltgefühl der Dankbarkeit und Geborgenheit auf Anknüpfungspunkte in der Naturerfahrung verweisen kann. Diesen Anknüpfungspunkten muss man nicht zu viel zumuten. Sie müssen nicht die Welt als Schöpfung beweisen, denn auch die Naturwissenschaften können umgekehrt nicht beweisen, dass die Welt keinen Sinn hat. Einer religiösen Weltsicht reicht es, Argumente beizusteuern, die zum Nachdenken anregen, ob sich aus der Natur nicht doch eine Stimme erhebt, die für einen die Welt durchwaltenden gütigen Grund spricht. Dieses Ringen um Plausibilität reicht aus, um der Religion ihren illusionären Charakter zu nehmen, und steht auch tief in jener großen Tradition des Christentums, die Glaube und Vernunft stets als Geschwister behandelt.

Der Theologie kommt es dabei entgegen, dass die Naturwissenschaften die menschliche Welterfahrung nicht vollständig erfassen können. Literatur und Kunst sind reich an Beispielen, die schildern, wie Menschen in der Erfahrung der Natur einen tieferen Sinn aufleuchten sehen, der sich zugleich jedoch geheimnisvoll entzieht. Menschen fühlen sich in der Begegnung mit der Natur ergriffen und angesprochen. Die Natur hat eine Stimme.

Durch das unbestreitbar widersinnig Absurde der Natur hindurch gibt es Momente der Naturerfahrung, in denen eine universale Verbundenheit allen Lebens auftaucht. Solche Erfahrungen bestärken die religiöse Weltsicht, dass im menschlichen Geist, in dem diese Verbundenheit aufscheint, der das Universum durchwaltende Geist zum Bewusstsein seiner selbst gelangt. Das Universum erwacht zu sich selbst.

Theologen haben seit dem 20. Jahrhundert Modelle entworfen, um diese Entwicklung zu beschreiben. Die Entwürfe reichen von den Jesuiten Teilhard de Chardin und Karl Rahner bis zur anglophonen Prozesstheologie. Die Entwicklung des Universums ist angetrieben von einer voranschreitenden Komplexitätssteigerung. Der Geist, der die Materie durchwaltet, tritt immer deutlicher in Erscheinung. Wenn die Theologie vom «Handeln Gottes» spricht, ist dies eine symbolisch-metaphorische Darstellung für die göttliche Gegenwart in diesem universalen Prozess. Vor dem Hintergrund dieser Modelle bringen die alten Formeln der dogmatischen Tradition Sinn in das Geheimnis der Welt. Mit der Schöpfung aus dem Nichts (*creatio ex nihilo*) ist gemeint, dass die Welt nicht einer Emanation entspringt, sondern aus einem Willen und einer Absicht, die diese Welt wollte. Das Universum ist kein Zufall. Die göttliche Gegenwart beschränkt sich nicht auf die einmalige Schöpfung, so wie ein Künstler sein Werk erschafft, sondern ist dauerhaft in den Prozessen der Entwicklung des Universums präsent (*creatio continua*). Diese folgen einer Linie und führen auf ein Ziel hin. Die Rede von der göttlichen Weltlenkung (*gubernatio*) meint, dass mit dieser Welt etwas gemeint ist. Aus dem Geheimnis des Universums schimmert ein tieferer Sinn durch, der dem Sinnlosen und Absurden der Welterfahrung mühsam abgerungen ist und sich an den Erfahrungsmomenten festhält, in denen durchbricht, dass diese Welt zum Guten hin geschaffen sein könnte. Wo Menschen in ihrer Erfahrungswelt auf Spuren dieses Sinnes stoßen, begegnen sie der Erhabenheit und Güte des Weltgrundes. Darum ist Schöpfungsglaube vor allem Dankbarkeit.

4. Erlösung und Vollendung

Nach christlicher Überzeugung gelangt die Entwicklung der Schöpfung nicht in dieser Welt an ihr Ziel. Das Christentum ist nicht nur eine Erlösungs- und Gnadenreligion, sondern auch eine Jenseitsreligion. Die großen Apokalypsen des Alten und Neuen Testaments berichten von der Vollendung der Welt an einem Jüngsten Tag. Das größte christliche Kulturepos, Dantes *Göttliche Komödie*, prägte seit dem Mittelalter die Vorstellungen von Hölle, Fegefeuer und Paradies. Die Bilder und begrifflichen Symbole christlicher Eschatologie dienen dazu, einen Überschuss christlicher Welterfahrung zu artikulieren. Die theologische Lehre von den letzten Dingen ist die begriffliche Verarbeitung eines Welterlebens, das sich auf die Formel «Die Welt ist nicht genug» bringen lässt. Dazu gehört zunächst die Hoffnung auf Auferstehung. Damit ist jedoch nicht die Hoffnung auf eine unendliche Verlängerung des Lebens gemeint, das wir kennen. Dieses findet im Tod sein Ende. Der Tod bedeutet für Christen aber auch nicht die Vernichtung und Auflösung in ein Nichts hinein. Die Auferstehungshoffnung weiß darum, dass die jenseitige Gestalt des Lebens eine ganz andere sein wird, sie geht aber davon aus, dass sich in ihr etwas mit diesem Leben wie auch immer Identisches fortsetzt. Die christliche Erlösung ist keine Auslöschung, sondern eine Verwandlung der individuellen Person. In Bildern und Metaphern artikuliert die christliche Auferstehungshoffnung die Transzendenz, Kontinuität und Identität der jenseitigen Vollendung.

Auch die Vorstellung von einem Jüngsten Gericht, die weit über das Christentum hinaus Verbreitung fand, wird seit der Neuzeit in der Theologie überwiegend als Symbol oder Metapher verstanden, die besagt, dass es nicht gleichgültig ist, wie Menschen ihr Leben geführt haben. Selbsterkenntnis, Läuterung und Reinigung sind darum essentielle Bestandteile einer künftigen Verwandlung. Die Bezeichnung der Vollendung als Anbrechen des Reichs Gottes verdeutlicht die soziale und universale Seite der Erlösung. Die Verwandlung des Lebens bildet Formen eines umfassenden Friedens aus, der die Natur und das

Universum mit einbezieht. Diese grandiosen Friedensvisionen, wie sie sich beim Propheten Jesaja (11) oder in der Offenbarung des Johannes (21) finden, sind aus ihrer Bildsprache in keine rationale Begriffssprache hinein zu übersetzen. Sie sind Ausdruck einer Hoffnung, die meint, in dieser Welterfahrung Spuren der erlösenden göttlichen Gegenwart ausmachen zu können. Sie lassen darauf vertrauen, dass dereinst in einer als Reich Gottes gedachten Vollendung diese Welt zu ihrem Ziel kommt und mit ihr alles Böse, für das es in dieser Welt keine oder immer nur un zureichende Erklärungen geben kann, überwunden sein wird. Die Leistung der christlichen Jenseitshoffnung ist nicht die Vertröstung auf eine jenseitige Erfüllung, sie liegt vielmehr darin, dass diese Hoffnung schon jetzt in diese Welt hineinragt. «Das Jenseits ist die Kraft des Diesseits» (E. Troeltsch, *Soziallehren*, 1864 [B979]). Damit brachte Ernst Troeltsch die Bedeutung der christlichen Jenseitshoffnung auf den Punkt.

IV. Das Jenseits als die Kraft des Diesseits

Christinnen und Christen hoffen auf die Vollendung der Welt am Ende der Geschichte. Die ersten Christen vertrauten darauf, dass dieses Ende unmittelbar bevorstehe, und bereiteten sich darauf vor. Das Weltende blieb jedoch aus. Auch wenn es immer wieder Bewegungen gab und noch bis heute gibt, die mit dem nahen Weltende rechnen, richtete sich die Mehrheit der Christinnen und Christen seit der Antike in «dieser Welt» ein und gab damit der Jenseitshoffnung eine andere Bedeutung. Das Jenseits diente nicht als Vertröstung auf ein nahes Weltende oder eine ferne Ewigkeit, sondern als Kraft für die Bewältigung des Diesseits. Denn die erlösende Gottesgegenwart hat bereits mit Jesus begonnen. Im Welterleben des christlichen Glaubens leuchtet eine geheimnisvolle Größe auf, die über diese Welt hinausweist. Daraus erwachsen die Hoffnung und die Kraft, allem Sinnwidrigen und Bösen zum Trotz an der Gestaltung dieser Welt bis zu dem Tag ihrer Vollendung mitzuwirken. «Ihr seid das Licht der Welt», rief Jesus seinen Anhängern in der Bergpredigt zu (Mt 5,14). Nicht auf die Gottesgegenwart zu warten, sondern sie in dieser Welt Gestalt annehmen zu lassen, ist die Bedeutung der christlichen Jenseitshoffnung.

1. Das Heilige in Personen

In der Art, wie das im diesseitigen Leben verwirklicht werden kann, misst das Christentum einzelnen Personen eine besondere Bedeutung zu. Das ist zum einen auf eine Hochschätzung des Individuellen zurückzuführen. Christliche Weltgestaltung ist kein abstraktes politisches Programm, sondern eine Frage der persönlichen Lebensführung. Zum anderen spricht daraus die Sehnsucht nach konkreten Vorbildern, die den Weg eines christlichen Lebens weisen und zu Zeichen göttlicher Gegenwart in und unter Menschen werden.

Aus der Bewunderung der Vorbilder entstand die christliche Heiligenverehrung. Über die Konfessionsgrenzen hinweg prägen als Heilige verehrte Menschen christliches Brauchtum. Nikolaus und Martin sind noch heute berühmte Heilige, an die mit verbreiteten Bräuchen erinnert wird. Beide wurden seit der Antike als Heilige verehrt, weil sie mit Großzügigkeit und Standfestigkeit vorlebten, wie Christinnen und Christen sich verhalten sollten. Das konnte auch bedeuten, vorzuleben, wie Christen sterben sollten. Die überwiegende Zahl der Heiligen, die in der Antike verehrt wurden, waren Märtyrerinnen und Märtyrer. Sie widerstanden den Bedrohungen durch die Verfolgungen im Römischen Reich oder durch andere Feinde des Christentums und starben lieber, als ihrem Glauben abzuschwören. Aus heutiger Perspektive haftet dem Begriff des Märtyrers etwas Ambivalentes an. Denn die Grenze zwischen Standfestigkeit und Fanatismus ist fließend. Die moderne Märtyrerverehrung korrigiert dies stillschweigend. Auf der Tiberinsel in Rom wird in der Kirche San Bartolomeo der Märtyrinnen und Märtyrer der Moderne gedacht. Dabei handelt es sich um Christinnen und Christen, die wegen ihres Widerstands gegen totalitäre Diktaturen des 20. Jahrhunderts hingerichtet wurden oder sich für andere opferten. Heilig ist, so könnte man es modern ausdrücken, wer all den Daseinskämpfen der Menschen zum Trotz das Licht göttlicher Wirklichkeit aufleuchten lässt.

Franziskus von Assisi ist das prägendste Beispiel eines christlichen Heiligen. Im leidenden Christus sah er die Welt trotz allen offensichtlichen Elends von einer unfassbaren göttlichen Güte getragen. Sein rigoroses Bekenntnis zur Armut gründete in dieser radikalen Befreiungserfahrung. Franziskus wähnte sich zu einem Grund der Welt vorgedrungen, von dem aus materielle Güter bedeutungslos werden. Etwas von Franziskus' einzigartigem Weltgefühl lässt sich im *Sonnengesang* erahnen, einem seiner berühmtesten Texte. Es ist eine Lobpreisung des Schöpfers für seine Gaben: für Bruder Sonne und Schwester Mond, für Wind, Wasser und Feuer, für Mutter Erde und schließlich auch für Schwester Tod. Aus dieser Einsicht heraus setzte sich Franziskus unermüdlich für die Überwindung des Bösen durch die Liebe ein. Er fand sich aufgehoben in einer höheren Harmonie und in göttlichem Frieden. Schon seinen Zeitgenossen musste sein Lebenswandel bizarr erscheinen, und doch ahnten sie, dass in ihm etwas leuchtete, was größer war als er selbst.

An Franziskus von Assisi wird deutlich, wie die christliche Heiligenverehrung in der Erfahrung gründet, dass in einzelnen Menschen das Heilige in Erscheinung tritt. Die göttliche Gegenwart nahm in der religiösen Vorstellungswelt der Volksfrömmigkeit auch vom Körper der Heiligen Besitz, so dass die Aufbewahrung ihrer sterblichen Überreste die Aura des Göttlichen erhielt. Die Reliquienverehrung entspringt der Sehnsucht nach der Kraft des Übernatürlichen. Aber die Heiligen sind nicht entrückt, sondern man kann sich ihnen nähern und sich an sie wenden.

Die Reformatoren kritisierten, dass die Heiligen und die Gottesmutter Maria, die einen Sonderfall christlicher Heiligenverehrung darstellt, an die Stelle Christi treten konnten. Die Aufklärung schließlich zog den Wunderglauben in Zweifel. Beide Einwände sehen Richtiges und weisen auf die Gefahren einer übertriebenen Heiligenverehrung hin. Dennoch ist die Bedeutung der Heiligen für die christliche Volksfrömmigkeit hoch. Sie bringen soziale Wärme und praktischen Trost in das religiöse Leben vieler Menschen.

Die Hochschätzung einzelner Personen als Heilige, in denen das Göttliche in der Welt aufleuchten kann, nahm im 20. Jahrhundert einen erstaunlichen Aufschwung. Dessen Katastrophen hinterließen eine bescheidenere und auch demütigere Vorstellung von der göttlichen Gegenwart in der Welt. Nicht in gemeinschaftlichen oder staatlichen Großprogrammen, sondern in den Taten von Einzelnen leuchtet das Göttliche sporadisch, aber doch beharrlich in die Welt hinein. Die «neuen» Heiligen offenbaren ihre Heiligkeit nicht allein durch Wunder, deren Nachweis bis heute Voraussetzung für die Heiligsprechung ist, sondern durch ihr soziales Engagement. Ein Beispiel dafür ist die Ordensschwester Mutter Teresa, die sich in den Slums von Kalkutta um Arme, Kranke und Sterbende kümmerte und 2016 von Papst Franziskus heiliggesprochen wurde.

Menschen können aber auch ohne offizielle Heiligsprechung in einem metaphorischen Sinne als Heilige gelten. Beispiele dafür sind Mahatma Gandhi, Albert Schweitzer, Dietrich Bonhoeffer, Martin Luther King und Nelson Mandela.

Mahatma Gandhi war kein Christ, sondern ein Hindu. Sein Ideal der Gewaltlosigkeit sprach jedoch Menschen weit über die Religionsgrenzen hinaus an. Albert Schweitzer praktizierte die Idee der Ehrfurcht vor dem Leben als medizinische Hilfe für Menschen im «Urwald» Afrikas, die von der medizinischen Versorgung der reichen Länder abgeschnitten waren. Martin Luther King setzte sich für die Rechte der Afroamerikaner ein und nährte die Hoffnung auf ein Zusammenleben von Menschen, in dem die biologische Abstammung keine Rolle mehr spielen sollte. An all diesen Lichtgestalten sind bei näherer Betrachtung Züge, ja sogar Schattenseiten zu finden, die vor einem übertriebenen Personenkult bewahren. Sie bleiben wie alle Menschen innerhalb der Grenzen ihrer Zeit und ihrer Kultur. Und doch scheint in ihrem Tun eine bessere Welt auf.

2. Christliche Weltgestaltung

Die alten und neuen Heiligen sind herausgehobene Beispiele, die Kraft und Zuversicht geben. Es sind jedoch alle Christinnen und Christen angesprochen, auf je eigene Weise und an dem jeweiligen Platz, an den sie in der Welt gestellt sind, aus und in dieser göttlichen Gegenwart zu leben. Die Weltgestaltung ist ein fester Bestandteil des christlichen Lebensgefühls, sie zielt in dem erwähnten Wort Ernst Troeltschs darauf, das Jenseits als Kraft des Diesseits zu entfalten. Darin liegt jedoch auch die entscheidende Besonderheit christlicher Weltgestaltung. Die jenseitige Erfüllung leuchtet auf, ragt herein und bricht sich immer wieder Bahn in dieser Welt, doch das Ziel der Vollendung bleibt ein jenseitiges. Das Christentum glaubt nicht an den Himmel auf Erden. Darin drückt sich jener fundamentale Vorbehalt aus, den schon Augustinus im Hinblick auf die menschliche Geschichte hatte: Die Welt ist nicht genug.

Der Jenseitsvorbehalt ist das, was die christliche Weltgestaltung im Eigentlichen ausmacht. Die Geschichte des Christentums lehrt allerdings, dass hier eine Gefahr lauert. Man kann die Welt als ein Jammertal verstehen, das keiner Mühe wert ist, und alle Sehnsucht auf die jenseitige Vollendung richten. In Weltflucht und auch Weltverachtung, die es in allen Epochen gegeben hat und bis heute gibt, spricht sich eine tragische Seite des christlichen Weltgefühls aus. Die Hoffnung schreitet keineswegs in der Siegesgewissheit eines Triumphators durch die Weltgeschichte. Sie ist eine Haltung, die sich darauf beruft, dass in Jesus Christus allem Absurden und Widersinnigen der Welt zum Trotz sichtbar wurde, was mit dieser Welt gemeint ist und welche Rolle dabei den Menschen zukommt. Das Göttliche gelangt nicht nur, aber doch auch durch Menschen in die Welt. Gott wird gegenwärtig in der Art und Weise, wie Menschen seine Präsenz leben und so die Welt gestalten.

Thema wird die Weltgestaltung in der christlichen Ethik. Eine an Max Weber orientierte Religionssoziologie bezeichnet die Religion als «Lebensführungsmacht» (H.-P. Müller). Religionen machen zum Thema, was im Leben wirklich zählt, und gestalten so die Lebensführung. Mit dem Begriff der Lebensführungsmacht ist ein Gradmesser benannt, der über Kirchenbesuch und Zustimmung zu Dogmen hinaus die Ausstrahlungskraft des Christentums in die Kultur beschreibt. Ethik meint mehr und letztlich anderes als das Befolgen von Geboten, denn das, was Menschen zur Weltgestaltung motiviert, resultiert aus Stimmungen und Intuitionen, aus einem inneren Angesprochensein, aus Verpflichtungsgefühlen und Loyalitäten, die in der anglophonen Debatte *commitments* genannt werden. Christliches Weltgefühl und christliche Weltgestaltung gehören unauflöslich zusammen.

Leben, Lieben, Sterben

Die Reichweite der Religion als «Lebensführungsmacht» zeigt sich daran, dass das Christentum wie andere Religionen auch grundlegende Vollzüge des menschlichen Lebens mit Bedeutung aufladen kann. Das betrifft bereits basale menschliche Bedürfnisse wie Ernährung und Fortpflanzung. Obgleich ihr Stellenwert im Christentum niedriger ist als beispielsweise in Judentum, Islam oder Hinduismus, spielen Speisevorschriften auch im Christentum eine Rolle. Das katholische und vor allem das orthodoxe Christentum praktizieren eine Reihe von Fastenregeln. Der Protestantismus kommt unter Berufung auf die christliche Freiheit mit weniger Speisevorschriften aus, kennt aber auch für die Fastenzeit und insbesondere den Karfreitag Fastengebote. Alle christlichen Konfessionen pflegen den Brauch des Tischgebets, das die tägliche Ernährung in einen religiösen Kontext einbettet. Essen und Trinken werden im Tischgebet als eine Gabe aufgefasst, die Menschen mit Dankbarkeit erfüllt.

Neben der Ernährung ist die Fortpflanzung ein essentieller biologischer Vorgang. Es ist die tiefe Verwurzelung in der Natur, die das Selbstverständnis der Menschen herausfordert und den Umgang mit den Energien des Fortpflanzungstriebes zu einer Aufgabe macht. Das Christentum folgte darin einem in der römisch-hellenistischen und auch jüdischen Kultur etablierten Weg. Es setzte Sexualität mit Fortpflanzung gleich und hegte deren Ausübung in der Institution der Ehe ein, die wiederum nur als Beziehung von Mann und Frau denkbar war.

In zwei Punkten ist das antike Christentum jedoch über das im damaligen Kontext unauffällige Standardmodell der Ehe als Ort der Fortpflanzung hinausgegangen. Paulus hielt die Ehe in Ehren (1 Kor 7,1–16), höher schätzte er jedoch die Ehelosigkeit als eine besondere Gottesgabe. Sie war ein Zeichen der menschlichen Freiheit, sich über die Macht des sexuellen Verlangens erheben zu können. Paulus war klug genug, die Ehelosigkeit aus religiösen Motiven als «Erlaubnis und nicht als Gebot» (1 Kor 7,6) zu proklamieren. Doch haben seine Bemerkungen zusammen mit einem Jesus-Wort im Matthäusevangelium (Mt 19,12) das Ideal der sexuellen Enthaltsamkeit im Christentum stark gefördert. Keuschheit ist im Mönchtum eines der Gelübde, der Zölibat ist in den orthodoxen Kirchen Voraussetzung für das Bischofsamt, im Katholizismus gilt er seit dem 11. Jahrhundert für den gesamten Klerus. Das kirchliche Gebot der Ehelosigkeit ist nicht allein aus einer christlichen Leibfeindlichkeit zu erklären, sondern mit ihm verbindet sich auch die im Judentum und Christentum geläufige Vorstellung von einer paradiesischen Unschuld, die himmlische Wesen frei von sexuellen Trieben und damit ganz über die Natur erhoben denkt («no sex in paradise»). Dies fließt ein in das Ideal einer asketischen Reinheit für religiöse Amtsträger.

Die Ehe wurde – und das ist die zweite Besonderheit gegenüber dem Judentum und paganen Religionen – im frühen Christentum aber auch deutlich aufgewertet. In der Liebe der Eheleute bildet sich die Liebe Christi zu seiner Gemeinde ab (Eph 5,25). Die spätere Theologie hat daraus die Sakramentalität der Ehe entwickelt, die theologisch bemerkenswert ist, denn das Sakrament spenden sich die Eheleute gegenseitig durch ihre Liebe unter Mitwirkung des Priesters im Gottesdienst. Die Ehe wird darin zu einem Ideal menschlichen Miteinanders emporgehoben, in dem sich die göttliche Liebe zu den Menschen abbildet. Sie ist noch stärker als die Freundschaft eine vollendete Form, in der Menschen ihre soziale Anlage verwirklichen können. Damit strahlt die Ehe auch auf die Familie aus, in der gemeinsame Kinder aufwachsen können.

Die Reformation ist nur einen dieser beiden Sonderwege mitgegangen. Das Ideal der Keuschheit lehnte sie auch mit Verweis auf die Missstände, die aus dem Zwangszölibat folgten, schlichtweg ab, zur Idealisierung der Ehe positionierte sie sich hingegen wesentlich freundlicher. Theologisch setzte Luther zwar das Eheverständnis niedriger an und bestritt die Sakramentalität, doch leuchtet aus seinen Tischreden und Briefen auf, dass er der Ehe einen hohen Wert beimaß. Der ehemalige Mönch Martin Luther empfand für seine Ehefrau, die ehemalige Nonne Katharina von Bora, eine tiefe Dankbarkeit für Loyalität, Unterstützung und Rückhalt. Eheleute sind Gefährten auf dem gemeinsamen Lebensweg. Mit dieser religiösen Hochschätzung stand Luther dem Ideal kaum nach, das in der katholischen Tradition die Sakramentalität der Ehe betonte. Die Ehe ist für Luther schließlich die Keimzelle einer Familie, in der diese hohe soziale Verbundenheit und Unterstützung sichtbar wird. Mit dem evangelischen Pfarrhaus hat die Reformation eine protestantische Sozialform geschaffen, die bis weit in die Moderne hinein von hoher Anziehungskraft war.

In der hohen Meinung von Ehe und Familie drückt sich aus, wie Menschen nach christlicher Überzeugung miteinander leben können. Das Ideal ist von theologischer Schönheit, es hat jedoch auch eine Schwäche. Es droht, die real existierenden Beziehungen zu überfordern und mehr zu wollen, als Menschen in einer Ehe einander tatsächlich sein können. Zur Sakramentalität der Ehe gehört ihre Unauflöslichkeit. Die Idee, sich bei dem gemeinsamen Weg aufeinander verlassen zu können, ist von menschlicher Größe, sie wird jedoch unbarmherzig, wenn daraus ein prinzipielles Verbot der Scheidung wird. Die meisten protestantischen Kirchen haben darum das Scheidungsverbot aufgehoben und erlauben unter bestimmten Voraussetzungen auch die Wiederverheiratung.

Die weit größere Herausforderung für das christliche Verständnis des partnerschaftlichen Lebens ist der rasante Wandel der Sexualität, den die westliche Kultur seit der Sexuellen Revolution in der zweiten Hälfte des 20. Jahrhunderts an den Tag legt. Die markanteste Veränderung ist die Entkoppelung von Sexualität und Fortpflanzung. Sex dient nur noch in ausgewählten Sonderfällen der Fortpflanzung, und die Fortpflanzung ist durch den biotechnischen Fortschritt auch nicht mehr zwingend an Sex gebunden. Die Ausgangslage für sexualethische Positionierungen der Kirchen, insbesondere der katholischen Kirche, ist gegenwärtig sehr schwierig. Die Missbrauchsskandale erweisen sich als die größte Erschütterung der jüngeren Kirchengeschichte. Sexualethische Stellungnahmen einer Kirche, die auf diesem Gebiet einen immensen Glaubwürdigkeitsverlust erlitten hat, erscheinen bizarr. Das gilt auch für die kirchlichen Lehren selbst, die den Unterschied zwischen Fortpflanzung und Sexualität übergehen. Verlautbarungen zur vorehelichen Sexualität oder zur Empfängnisverhütung wirken aus der Zeit gefallen und sind ohne gesellschaftliche Relevanz, im Falle der Empfängnisverhütung letztlich mit

Blick auf die Entwicklung der Menschheit auch kaum begründbar.

Die kulturelle Emanzipation der Sexualität von der Fortpflanzung hat auch eine Neubewertung der Homosexualität eingeleitet. In der westlichen Kultur fand sie bis weit in die Siebzigerjahre hinein keine gesamtgesellschaftliche Akzeptanz. Bis zur rechtlichen Anerkennung von gleichgeschlechtlichen Partnerschaften 2001 und der «Ehe für alle» 2017 war es beispielsweise in Deutschland ein weiter Weg, in anderen westlichen Ländern verlief es ähnlich. Der Wandel führt selbst im westlichen Christentum noch zu Spannungen, global gesehen bilden sich harte Bruchlinien zwischen Nord und Süd. Die Lambeth-Konferenz, der weltweite Zusammenschluss der anglikanischen Kirchen, stand 2008 am Rande der Spaltung, weil die Anglikaner der südlichen Halbkugel die Weihe von Homosexuellen zu Priestern nicht akzeptieren wollten. Sie sahen darin eine Preisgabe der Tradition. Die Einschätzung der Homosexualität belastet auch das Verhältnis zwischen den Konfessionen, insbesondere zwischen europäischen Protestanten und Orthodoxen. In den Streit spielen auch politische und kulturelle Faktoren hinein. In ihrer Verbundenheit mit der Tradition, der sie ein hohes Maß an Stabilität verdanken, verurteilen konservative Kreise die Homosexualität als Sittenverfall und Dekadenz. Der überwiegende Teil des westlichen Christentums sieht jedoch in der Anerkennung homosexueller Lebensformen eine Befreiung. Im globalen Gespräch sollte das westliche Christentum diese emanzipatorische Einsicht, zu der es selbst erst in den letzten Jahrzehnten gelangt ist, nicht mit dem Gestus kultureller Überlegenheit vortragen, sondern auf geduldige Überzeugungsarbeit setzen.

Der medizinische Fortschritt erhöht den Orientierungsbedarf auch bei Fragen zu Geburt und Tod. Das christliche Ideal des unbedingten Lebensschutzes am Lebensanfang und Lebensende kann angesichts der neuen medizinischen Möglichkeiten zu künstlicher Reproduktion und palliativer Begleitung Sterbender nicht mehr schematisch proklamiert werden. Die Betreuung Sterbender und die Vorbereitung auf den Tod ist seit alters eine zentrale Aufgabe christlicher Solidarität. Patientenverfügungen, die weitgehend von allen christlichen Konfessionen unterstützt werden, treffen Regelungen für den Einsatz oder mehr noch für das Unterlassen lebensverlängernder Maßnahmen. Da aber letztlich auch Unterlassen ein Handeln ist, liegt es auf der Hand, dass sich das Thema der aktiven Sterbehilfe neu stellt. Einige europäische Länder haben einen gesetzlichen Rahmen festgelegt, der unter sehr strengen Auflagen – entscheidendes Kriterium ist die medizinisch festzustellende Aussichtslosigkeit der Heilung – aktive Sterbehilfe erlaubt. In diesen Ländern geschieht dies auch mit Unterstützung wenigstens von Teilen der ansässigen Kirchen. Das wirft die berechtigte Frage auf, ob es nicht auch ein Gebot der Nächstenliebe sein kann, Menschen in ihrem Sterben zu assistieren. Alles Leben ist endlich. Sich in diese Haltung einzuüben ist wesentlicher Teil des christlichen Umgangs mit dem Tod. Darin erhebt das Christentum Einspruch gegen eine Kultur, die den Tod an die Ränder der gesellschaftlichen Wahrnehmung abzudrängen versucht. Das in den christlichen Bestattungsritualen verwendete Psalmwort verdeutlicht die Haltung zur eigenen Endlichkeit: «Herr, lehre uns bedenken, dass wir sterben müssen, auf dass wir klug werden.» (Psalm 90,12)

Arbeit und Gerechtigkeit

Menschen sind essentiell darauf angewiesen, für ihren Unterhalt zu sorgen. Luther sprach in seiner Übersetzung des Psalms 90 von der «vergeblichen Mühe» des Daseins. Die biblische Urgeschichte stellt die existentiellen Beschwernisse als Folge des Sündenfalls dar. Im Paradies waren die Menschen in träumender Unschuld anstrengungsfrei mit allem versorgt, was sie zum Leben brauchten – ein Bild, das in vielen Utopien bis hin zum Schlaraffenland weiterlebt. Doch nach der Vertreibung aus dem Paradies heißt es: «Im Schweiße deines Angesichts sollst du künftig dein Brot essen.» (Gen 3,19) Arbeit ist in dieser religiösen Deutung also keineswegs der Idealzustand menschlichen Daseins, sondern eine göttlich gefügte Ordnung für die Menschen, die das Paradies verloren haben. Daraus ergeben sich für eine christliche Haltung zur Arbeit zwei Fragen: Wie können die Lasten der als Verhängnis empfundenen Arbeit gerecht verteilt werden? Und lässt sich der Arbeit nicht doch auch ein positiver Sinn abgewinnen?

Auf die Frage der Gerechtigkeit wusste Jean-Jacques Rousseau eine traurige Antwort. Seiner Meinung nach begann die Ungleichheit unter den Menschen, als einige willkürlich anfingen, ihre eigene Arbeit höher zu bewerten als die der anderen, daraus Eigentums- und Besitzansprüche ableiteten und sich zum Unglück aller damit auch noch durchsetzten. Der Übergang der nomadischen Jäger und Sammler zu Ackerbau und Viehzucht war kulturgeschichtlich ein entscheidender Sprung, denn mit der Sesshaftwerdung begann die Arbeitsteilung – und die ist ein Einfallstor für Ungerechtigkeit. Nicht die unterschiedlichen Aufgaben, so Rousseaus stichhaltiges Argument, begründen die Rangunterschiede, sondern die unterschiedliche Anerkennung für die erbrachte Arbeit. Mit der Sesshaftwerdung der Menschen entstanden schließlich das Eigentum und damit unterschiedliche Besitzverhältnisse. Die Anerkennung von Arbeit und die Verteilung ihrer Erträge wurden damit zu einem Dauerthema menschlicher Weltgestaltung.

Die Frage nach der Bedeutung der Arbeit schien für Christen durch das dem Mittelalter zugeschriebene Motto *Ora et labora* – «Bete und arbeite» – beantwortet zu sein. Arbeit war schlicht zu erledigen, mehr konnten und sollten sich Menschen als Folge des Sündenfalls davon nicht erwarten. Die Reformation leitete jedoch einen fundamentalen Kulturwandel ein. Luther wertete die Arbeit von einer unabänderlichen Notwendigkeit der Lebenssicherung auf zur Verwirklichung einer gottgewollten Bestimmung in der Welt. In jedem Beruf spricht sich eine religiös verstandene Berufung aus. Der Calvinismus ging noch weiter. Gott, so Calvins Lehre, habe vor aller Zeit die Menschen entweder zum Heil oder zum Unheil bestimmt. Die göttliche Entscheidung ist der menschlichen Verfügungsmacht entzogen und nicht durch Verdienste zu beeinflussen, aber der Mensch kann beruflichen Erfolg und Reichtum als sichtbare Bestätigung der eigenen Erwählung verstehen. Sparsamkeit und

Fleiß – Max Weber nannte diese Praxis innerweltliche Askese – wurden zu religiös begründeten Tugenden der Lebensführung. Im Lob der Tüchtigkeit und des Erwerbsfleißes schuf der Calvinismus ein Schlupfloch aus den Ausweglosigkeiten seines harten Prädestinationsglaubens. Max Weber hat in seinem berühmten Buch *Die protestantische Ethik und der Geist des Kapitalismus* eine Linie vom Protestantismus zum modernen Kapitalismus gezogen. Auch wenn man heute weiß, dass die Wege historisch verschlungener waren, als Weber annahm, zeigt seine zum Klassiker avancierte Schrift, wie das Christentum im Konfessionellen Zeitalter die Arbeit neu bewertete und damit tief in die Lebensführung eingriff. Arbeit dient der Sinnerfüllung des Daseins.

Sowohl bei Rousseau als auch bei Weber mischen sich dunkle Töne in ihre Beobachtungen zu Gerechtigkeit und Sinnhaftigkeit der Arbeit. Für Rousseau war die Ungleichheit, die aus der Arbeitsteilung und der ungerechten Anerkennung unterschiedlicher Tätigkeiten hervorging, ein Verhängnis. Weber diagnostizierte eine mechanische und kalte Aushöhlung des ursprünglich hohen protestantischen Berufsethos in der kapitalistischen Wirtschaftsordnung. Er nennt sie ein «stahlhartes Gehäuse», in dem «Fachmenschen ohne Geist» und «Genussmenschen ohne Herz» (Weber, *Protestantische Ethik*, 201) ihr Dasein fristen.

Karl Marx und Friedrich Engels sahen im 19. Jahrhundert, dass Ungerechtigkeit und Sinnentleerung in der modernen Arbeits- und Wirtschaftsordnung zusammenhängen. Die Industrielle Revolution hinderte die Mehrheit der Arbeitenden daran, einen produktiven, sinnstiftenden Bezug zum Arbeitsalltag aufzubauen, der meist in voneinander isolierten Teilsequenzen monotoner Industrieproduktion verlief, zum anderen wurden die Arbeitenden nicht angemessen am Ertrag der produzierten Ware beteiligt. Alle großen Utopien der Neuzeit wie *Utopia* von Thomas Morus und *Der Sonnenstaat* von Tommaso Campanella legten lange vor Marx den Finger in diese Wunde. Sie empfahlen, Tätigkeiten, die zur Daseinsvorsorge notwendig, aber mühsam sind, in Form von Arbeitsdiensten an alle Bevölkerungsschichten abwechselnd zu vergeben, die Erträge der Arbeit gleich zu verteilen und das Privateigentum abzuschaffen. Versuche im 20. Jahrhundert, diese Ideale zu verwirklichen, sind gescheitert. Ob dies an den totalitären Regimen liegt oder ob sich die Natur des Menschen für ein kommunistisches Gemeinwesen nicht eignet, bleibt eine offene Frage.

Die kapitalistische Wirtschaftsordnung vermehrt den Wohlstand der Menschen, der Preis dafür ist jedoch hoch. Im Zuge der Globalisierung werden beschwerliche und gefährliche Teile der industriellen Produktion in ärmere Länder verlagert. Man kann darin Ansätze einer globalen Umverteilung erkennen, die die reichen Länder etwas ärmer und die armen Länder etwas reicher macht, doch sind die Wohlstandsfortschritte im globalen Süden durch Arbeitsbedingungen und Umweltlasten erkauft, die in den reichen Ländern nicht mehr durchsetzbar wären. Die globale Auslagerung führt umgekehrt zu einem Rückbau ganzer Produktionszweige in den reichen Industrieländern. Rückläufige Industrieproduktion und voranschreitende Digitalisierung verändern die Arbeitswelt fundamental. Die Frage steht im Raum, wie die Wirtschaftsordnung human und gerecht organisiert werden kann. Die Antwort kann nur eine globale sein.

Auf die existentiellen und mentalen Folgeschäden des Kapitalismus, die schon Rousseau und Weber beschäftigten, weist heute die Sozialphilosophie hin. Jürgen Habermas spricht von der «Kolonisierung der Lebenswelt», um zu zeigen, wie sich der zweckrationale Grundzug des Kapitalismus, mit möglichst geringen Mitteln den höchsten Ertrag zu erzielen, in die Lebenshaltung der Menschen hineinfrisst. Soziologische Untersuchungen zeigen auf, wie tief die Konsumorientierung sogar in die Gestaltung zwischenmenschlicher Beziehungen eingreift (E. Illouz). Zudem entsteht aus den schon von Rousseau beobachteten ungleichen Anerkennungsverhältnissen ein «Kampf um Anerkennung» (A. Honneth). In einer stillschweigend akzeptierten Hierarchie wird Anerkennung gesellschaftlich nach einem Verfahren vermittelt, das am Einkommen orientierten Maßstäben folgt. Das Ideal der humanen Sinnhaftigkeit von Arbeit ist darin nicht wiederzuerkennen. Die Prinzipien, nach denen Tätigkeiten, die dem Gemeinwohl dienen, anerkannt werden, bedürfen daher einer grundsätzlichen Revision.

Dazu kann das Christentum einen Beitrag leisten. Seinem biblischen Erbe verdankt es ein waches Auge für soziale Ungerechtigkeit. Propheten wie Amos betrachteten Armut und Unterdrückung als einen Verstoß gegen die göttliche Ordnung, im Umkehrschluss ist soziale Gerechtigkeit ein Indiz der Realisierung dessen, was Gott für die Menschen vorgesehen hat. In den Worten Jesu ist die Kritik am Reichtum ein wiederkehrendes Motiv (siehe S. 12). Jesus tadelt am Reichtum die existentiellen Kräfte, mit denen die Angst vor Verlust oder die Sorge um die Vermehrung des Reichtums von Menschen Besitz ergreift und sie in ihrer Lebensführung dominiert.

Die lange Tradition christlicher Soziallehre floss im 20. Jahrhundert in die Konzeption der Sozialen Marktwirtschaft ein, die sowohl die Aufgabe der eigenverantwortlichen Existenzsicherung als auch die Einbettung in ein solidarisches System der Daseinsfürsorge anerkennt. Die heutigen Fortschreibungen dieses Ansatzes sprechen von «Beteiligungs- und Befähigungsgerechtigkeit». Es gilt, Menschen ohne Ansehen ihrer sozialen Herkunft die Chance zu geben, durch eigene Tätigkeit ihren Lebensentwurf zu verwirklichen. Das erfordert zunächst einen gerechten Zugang zu Bildungseinrichtungen und Gesundheitsfürsorge. Zu diesen partizipativen Elementen muss aber hinzukommen, Lebenspläne in ihrer Vielfalt zu fördern und nicht allein am wirtschaftlichen Erfolg zu messen. Die individuelle Lebensführung ist eine besondere Verwirklichung dessen, was mit der Menschheit als Ganzes gemeint ist. Es ist auch Teil des Erbes des protestantischen Arbeitsethos, den Beruf als eine Chance zu betrachten, einen Funken göttlicher Gegenwart in dieser Welt zu verwirklichen.

Mensch und Umwelt im Anthropozän

Die Herausforderung einer humanen und gerechten Wirtschaftsordnung ist heute nicht nur in globalen, sondern auch in ökologischen Dimensionen zu bewältigen. Der Begriff des Anthropozän beschreibt den Menschen als einen Faktor, der eine neue

Epoche der Erdgeschichte einleitet. Auch wenn die ökologischen Gefahren der Gegenwart ihren Ursprung in der jüngeren Geschichte haben, entpuppt sich die Sesshaftwerdung der Menschheit als der entscheidende Einschnitt, denn mit Ackerbau- und Viehzucht begannen Menschen, intensiv in die Naturabläufe einzugreifen. Dies geschah im Interesse der eigenen Daseinssicherung. Der Umgang mit der Natur war über Jahrtausende von dem Versuch bestimmt, sie den menschlichen Interessen dienstbar zu machen. Von der Domestizierung von Wildtieren bis hin zum Bau von Staudämmen reichen die Eingriffe. Durch Sprache und Technik kompensieren Menschen dabei die Mängel, die ihnen gattungsgeschichtlich von Natur aus anhaften. Kultur versteht sich als Überwindung der Natur.

Daraus resultieren heute drastische Probleme. Die Menschheit verbraucht mehr Ressourcen, als die Erde in ihrem natürlichen Kreislauf produzieren kann. Die Ausbreitung menschlicher Besiedelung führt zu einem großen Artensterben. Die Bilder von idyllischen, aber mit Plastikflaschen überschwemmten Tropenstränden sind inzwischen zu einem Symbol des ökologischen Fußabdrucks der Menschheit geworden. Bei fortgesetzter Erwärmung der Erde ist schließlich mit der Zerstörung der Lebensgrundlagen von zahlreichen Ökosystemen zu rechnen. Radikale Öko-Bewegungen wie das *Voluntary Human Extinction Movement* gehen darum so weit, das Anthropozän als die Erdepoche zu begreifen, in der die Menschheit ihren Platz auf der Erde verspielt hat. In moderateren Fassungen der Umweltethik spielt auch die Frage der Gerechtigkeit eine Rolle, denn die ökologischen Lasten des Wohlstands der reichen Länder sind überwiegend von den Armen zu tragen. Die prognostizierten Folgen des Klimawandels werden zuerst Menschen in den ärmeren Ländern hart treffen. Neu ins Bewusstsein rückt das Problem der Generationengerechtigkeit, denn der Lebensstil der heute Lebenden gefährdet die Lebensmöglichkeiten künftiger Generationen. Zu den Themen der globalen Gerechtigkeit und der Generationengerechtigkeit kommt die Frage nach der Gerechtigkeit gegenüber anderen Lebewesen hinzu. Tiere und zunehmend auch Pflanzen treten als Träger von Rechten in den Vordergrund, über die der Mensch nicht willkürlich verfügen darf. Das Dilemma, dass Menschen für ihr eigenes Überleben andere Lebewesen essen müssen, ist in seiner Grundsätzlichkeit nicht aufzulösen. Die Frage der Gegenwart ist, wie dies in einer gerechteren und den Lebewesen Ehrfurcht zollenden Weise geschehen kann.

Über die Notwendigkeit, den menschlichen Umgang mit der Natur grundlegend zu ändern, besteht innerhalb des weltweiten Christentums eine seltene und grundsätzliche Übereinstimmung. Ansätze eines die Natur religiös aufwertenden Denkens kannte die christliche Tradition schon lange vor den Krisen der Gegenwart. Im Westen ist die franziskanische Naturspiritualität ein berühmtes Beispiel. Vorformen eines ökologischen Denkens kamen im 19. Jahrhundert auf. Im Gefolge von Aufklärung und Romantik erwachte ein Interesse an der Natur und ihren inneren Zusammenhängen. Kunst, Literatur und Poesie preisen das Geheimnisvolle, Schöne und Erhabene der Natur, Goethe und Alexander von Humboldt entwickelten ein Naturverständnis, das weit über eine instrumentelle Nutznießung hinausgeht, Denker wie Ralph Waldo Emerson sprachen der Natur sogar religiöse Offenbarungsqualität zu. Dessen Spuren folgend erklärte John Muir die Natur neben der Bibel zum zweiten Buch der Offenbarung und begründete die amerikanische Nationalparkbewegung.

Heute scheint in einer christlichen Antwort auf die Herausforderungen der ökologischen Krise die Dankbarkeit als fundamentaler und einender Grundzug einer christlichen Haltung zu Leben und Welt durch. Einmütig mahnen sowohl der Ökumenische Patriarch von Konstantinopel, Bartholomäus I., und der Weltkirchenrat in Genf zu einem Umdenken. Ein großer Wurf ist die Enzyklika *Laudato si'* von Papst Franziskus aus dem Jahr 2015. Es zeigt sich darin der Vorteil des Katholizismus, eine weltweite Kirche zu sein, denn das Dokument thematisiert eingehend auch die Perspektive des globalen Südens und kann so die Zusammenhänge zwischen ökologischer Krise und den Ungerechtigkeiten der Weltwirtschaft in den Blick nehmen. Die Enzyklika lebt – der Titel zitiert aus dem *Sonnengesang* Franziskus' von Assisi – aus einer franziskanischen Naturspiritualität, sie thematisiert das Naturverhältnis von indigenen Gruppen, die sich vom westlichen Rationalismus abheben, und argumentiert zugleich auf der Höhe der naturwissenschaftlichen Beobachtungen zu Klimawandel und Umweltkrise.

Den konstruktiven praktischen Hinweisen liegt eine entscheidende religiöse Annahme zugrunde. Soziale und ökologische Gerechtigkeit haben eine gemeinsame Wurzel. Sie ruhen in der Haltung, Mensch und Welt in das Geheimnis des Universums eingefügt zu wissen. Aus dem Band, das die Erscheinungsformen des Lebens miteinander verknüpft, geht eine universale Empathie hervor. Das Leben lässt sich nicht gegen, sondern nur mit der Natur erhalten. Solidarität ist kein politischer Imperativ, sondern ein Natur und Mensch umfassendes religiöses Gefühl. Die Aufgehobenheit von Mensch und Natur in einer geheimnisvollen, aber das Dasein letztlich gütig tragenden Ordnung, befreit Menschen davon, sich gewaltsam in einem Daseinskampf gegen ihre Mitmenschen und die Natur zu verlieren. Die große Friedensvision des Propheten Jesaja, in der Lamm, Wolf, Bär, Ziege, Schlange und Mensch in Frieden miteinander leben (Jes 11), ist eines der stärksten Bilder der jüdisch-christlichen Tradition für das Geheimnis jenseits von Fressen und Gefressenwerden.

Die Enzyklika macht jedoch auch unmissverständlich deutlich, wie die religiöse Dankbarkeit tief in die Lebensführung der Menschen eingreifen muss. Die Folgen können in einem hehren christlichen Begriff zusammengefasst werden: Umkehr. Es kann in der Produktion, im Konsum und bei den Bevölkerungszahlen nicht weiter um Wachstum gehen. Vor allem die reichen Industrieländer stehen an einem historisch beispiellosen Scheideweg. Es gilt, den eigenen Lebensstil durch klugen Verzicht zurückzubauen zugunsten einer universalen Verbundenheit. In ihr verlieren die Menschen nichts, sondern gewinnen, wozu sie in dieser Welt bestimmt sind.

Die Zukunft der Welt und die Zukunft des Christentums

Der weltgestaltende Anspruch des Christentums wirkt hinein in die Welt. Darin hat das Christentum – wie alle Religionen – auch eine politische Dimension. Wie diese wahrzunehmen ist und wie das Christentum in der Welt auftreten kann, ist Gegenstand einer zweitausend Jahre währenden Lerngeschichte.

Jesus verstand die Gegenwart Gottes als das kommende Reich Gottes. Damit ist ein umfassender Herrschaftsbereich gemeint. Gott findet Eingang in die Herzen der Menschen und verwandelt durch seine Präsenz das Zusammenleben der Menschen und ihren Platz in der Welt. Der christliche Erlösungsgedanke hat eine soziale Dimension. Darum haben die frühen Christinnen und Christen die göttliche Gegenwart auch daran festgemacht, dass sie sich in ihrem Gemeinschaftserleben als organischer Leib Christi verstanden. Mit der Konstantinischen Wende wurde die Kirche zu einer festen Größe im Staat. Obgleich bereits die antike Theologie – am prominentesten Augustinus – zwischen geistlicher und weltlicher Macht unterschied, dominierte für ein Jahrtausend der weltliche Herrschaftsanspruch der Kirche. Spätestens im Spätmittelalter dämmerte jedoch die Einsicht herauf, dass sich das, was das Christentum der Welt zu geben hat, nicht mit den Mitteln staatlicher Weltgestaltung umsetzen lässt.

Vielfältig sind die Versuche seit Beginn der Neuzeit, Kirche und Staat in ein Verhältnis zueinander zu bringen. Durchgesetzt hat sich heute mehrheitlich ein Modell, das Staat und Kirche voneinander trennt. Selbst dort, wo es offiziell Staatskirchen gibt, bestimmen diese nicht die Leitlinien der Politik. Die Trennung von Staat und Kirche wird in Deutschland verfassungsrechtlich mit der weltanschaulichen Neutralität des Staates begründet. Es gibt aber auch einen eminent theologischen Grund. «Mein Reich ist nicht von dieser Welt», sagt Jesus im Johannesevangelium (18,36). Damit ist nicht die Flucht in ein fernes Jenseits gemeint, sondern der christliche Jenseitsvorbehalt. In der Welt gibt es Daseinskämpfe, Leiden, Vergänglichkeit ebenso wie Verbundenheit, Schönheit und das Aufleuchten der Ewigkeit. Die Welt ist und bleibt ein rätselhaftes Geheimnis. Aufgabe der Politik ist es, aus der Welt, so wie sie ist, nach Kräften und mit Vernunft das Beste zu machen für alle Lebewesen, die diese Welt bewohnen. Aufgabe christlicher Weltgestaltung ist es, in dieser Welt in dem Bewusstsein ihres Geheimnisses zu leben, und das bedeutet immer auch: Die Welt, wie sie ist, ist nicht genug. «Das Beste kommt noch» ist das Fundament des christlichen Weltgefühls. Aus diesem Vorbehalt zu leben, unterscheidet christliche Ethik fundamental von Politik.

Das Christentum kann seinen Ausblick auf die Kraft des Jenseits nicht mit einer Stimme verkünden. Zu groß ist die Aufgabe und zu unterschiedlich sind die kulturellen und mentalen Verwurzelungen von Christinnen und Christen überall auf der Welt. Darin liegt auch eine der größten Herausforderungen für die Zukunft des Christentums. Die Kraft des Jenseits treibt es dazu an, sich nicht in seinen konfessionellen Gegensätzen zu verlieren, sondern auch in den anderen Lebensformen des Christentums einen berechtigten Ausdruck dessen zu erblicken, was das Christentum ausmacht.

Die ökumenische Bewegung ist eine Lerngeschichte, in der es zu erfahren gilt, dass keine Konfession für sich und allein damit fertig werden kann, die unfassbare Weite des Christentums in der Welt zu realisieren. Das schließt auch Offenheit für andere Religionen ein. Es wäre zu einfach, davon auszugehen, dass alle Religionen dasselbe, aber nur «irgendwie anders» sagen. Es gibt unüberbrückbare Differenzen im Verständnis der Menschen, der Welt und der Aufgabe der Menschen in der Welt. Dennoch ist es ein sinnvolles Vorhaben, auch darüber nachzudenken, was die Religionen eint. Das von Hans Küng initiierte Projekt des Weltethos behält darin seine bleibende Berechtigung. Der christliche Jenseitsvorbehalt weitet die Perspektive. Menschen sind nicht Bewohner eines Ortes, sondern des Kosmos. Interreligiöser Kosmopolitismus ist eine Vision für die Zukunft. Menschen begegnen einander in friedlicher Neugier und tauschen sich darüber aus, wie sie in und mit dem Geheimnis des Daseins leben. Immerhin darin wird man bei allen wahren Religionen auf gemeinsame Zustimmung rechnen dürfen: Was auch immer Menschen als das Geheimnis des Daseins verehren und in ihrer Lebensführung umzusetzen versuchen, das Geheimnis bleibt größer als alles, was Menschen davon begreifen können.

Dank

Mario Berkefeld, Marieluise Clotz, Eva-Katharina Kingreen und Maximilian Schalück haben Teile des Manuskripts gelesen. Ich danke für die Durchsicht und Anregungen. Barbara Rappenglück und Fanny Sommerfeld, die auch das Register erstellt hat, haben zudem die Mühen der Korrektur auf sich genommen. Auch ihnen sei herzlich für Kritik und Wachsamkeit gedankt.

Ulrich Nolte hat das Buch mit geduldigen und wichtigen Anregungen sehr bereichert. Ihm und den Mitarbeiterinnen und Mitarbeitern des Verlags C.H.Beck danke ich herzlich für die vorzügliche Zusammenarbeit.

Literatur

Folgende Literaturübersicht bietet eine Auswahl, die zur weiteren Beschäftigung mit den Themen anregen möchte. Es werden einführende Literatur, klassische Überblicksdarstellungen, die sich für den vorliegenden Band als hilfreich erwiesen haben, und die Quellen der Zitate aufgeführt.
Auf thematische Berührungen mit meinen Büchern *Die Verzauberung der Welt. Eine Kulturgeschichte des Christentums* (München [6]2020) und *Der heilige Geist. Eine Biographie* (München [2]2021) weise ich hin.

I. Das Christentum in der Geschichte

Gesamtdarstellungen

Bischof, Franz Xaver u. a. (Hg.), Einführung in die Geschichte des Christentums, Freiburg 2014.
Harnack, Adolf von, Das Wesen des Christentums. Hg. von Claus-Dieter Osthövener, Tübingen [2]2007.
Hauschild, Wolf-Dieter, Lehrbuch der Kirchen- und Dogmengeschichte. Band 1 und 2, Gütersloh [3]2007 und [4]2010.
MacCulloch, Diarmaid, A History of Christianity. The First Three Thousand Years, London 2010.
Schäufele, Wolf-Friedrich, Kirchengeschichte II. Vom Spätmittelalter bis zur Gegenwart (Lehrwerk Evangelische Theologie 4), Leipzig 2021.
Schjørring, Jens Holger/Hjelm, Norman A./(im dritten Band) Ward, Kevin, Geschichte des globalen Christentums. Teil 1 bis 3, Stuttgart 2017–2018.
Troeltsch, Ernst, Die Soziallehren der kirchlichen Gruppen und Kirchen. Kritische Gesamtausgabe 9.1–3. Hg. von Friedrich Wilhelm Graf, Berlin/Boston 2021.

1. Der Anfang: Jesus Christus

Nietzsche, Friedrich, Der Antichrist, in: Ders., Kritische Studienausgabe 6. Hg. von Giorgio Colli und Mazzino Montinari, München/Berlin/New York 1999.
Roloff, Jürgen, Jesus, München [4]2007.
Schröter, Jens, Jesus, München 2020.
Schweitzer, Albert, Gespräche über das Neue Testament. Hg. von Winfried Döbertin, München [2]1994.

Theißen, Gerd/Merz, Annette, Der historische Jesus. Ein Lehrbuch, Göttingen [4]2011.

2. Vom Werden des Christentums

Harnack, Adolf von, Mission und Ausbreitung des Christentums in den ersten drei Jahrhunderten. Zwei Bände, Leipzig [4]1924.

Leppin, Hartmut, Die frühen Christen. Von den Anfängen bis Konstantin, München [2]2019.

Schmid, Konrad, Die Bibel. Entstehung, Geschichte, Auslegung, München 2021.

Schmid, Konrad/Schröter, Jens, Die Entstehung der Bibel. Von den ersten Texten zu den heiligen Schriften, München [2]2019.

Schnelle, Udo, Die ersten 100 Jahre des Christentums 30–130 n. Chr. Die Entstehungsgeschichte einer Weltreligion, Göttingen [2]2016.

Theißen, Gerd, Die Religion der ersten Christen. Eine Theorie des Urchristentums, Gütersloh 2000.

3. Der Aufstieg im europäischen Mittelalter

Angenendt, Arnold, Geschichte der Religiosität im Mittelalter, Darmstadt [4]2009.

Brown, Peter, Die Entstehung des christlichen Europas, München 1999.

Fumagalli, Vito, Wenn der Himmel sich verdunkelt. Lebensgefühl im Mittelalter, Berlin 1988.

Jenkins, Philipp, Das Goldene Zeitalter des Christentums. Die vergessene Geschichte der größten Weltreligion, Freiburg 2013.

Leppin, Volker, Geschichte des mittelalterlichen Christentums, Tübingen 2012.

Lilie, Ralph-Johannes, Byzanz. Geschichte des oströmischen Reiches, München [6]2014.

Meier, Mischa, Geschichte der Völkerwanderung. Europa, Asien und Afrika vom 3. bis zum 8. Jahrhundert n. Chr., München [2]2020.

4. Aufbrüche in die Moderne

Das neue Selbstbewusstsein der Renaissance

Kessler, Eckhard, Die Philosophie der Renaissance. Das 15. Jahrhundert, München 2008.

Roeck, Bernd, Der Morgen der Welt, Geschichte der Renaissance, München [2]2018.

Die Reformation als Revolution

Gäbler, Ulrich, Huldrych Zwingli. Eine Einführung in sein Leben und Werk, Zürich [3]2004.

Graf, Friedrich Wilhelm, Der Protestantismus. Geschichte und Gegenwart, München [3]2017.

Kaufmann, Thomas: Die Täufer. Von der radikalen Reformation zu den Baptisten, München 2019.
Kaufmann, Thomas: Erlöste und Verdammte. Eine Geschichte der Reformation, München [4]2017.
MacCulloch, Diarmaid, Die Reformation 1490–1700, München 2010.
Strohm, Christoph, Johannes Calvin. Leben und Werk des Reformators, München 2009.

Das Licht der Aufklärung
Beutel, Albrecht, Johann Joachim Spalding. Meistertheologe im Zeitalter der Aufklärung, Tübingen 2014.
Beutel, Albrecht, Kirchengeschichte im Zeitalter der Aufklärung. Ein Kompendium, Göttingen 2009.
Stollberg-Rilinger, Barbara, Die Aufklärung. Europa im 18. Jahrhundert, Stuttgart [4]2019.
Wolf, Hubert, Verdammtes Licht. Der Katholizismus und die Aufklärung, München 2019.

Die Erweckung der Frommen
Heitzenrater, Richard P., John Wesley und der frühe Methodismus, Göttingen 2007.
Hochgeschwender, Michael, Amerikanische Religion. Evangelikalismus, Pfingstlertum und Fundamentalismus, Frankfurt/Leipzig (2007) 2018.
Wallmann, Johannes, Der Pietismus, Göttingen 2005.

5. Die Transformation im 19. Jahrhundert
Nowak, Kurt, Geschichte des Christentums in Deutschland. Religion, Politik und Gesellschaft vom Ende der Aufklärung bis zur Mitte des 20. Jahrhunderts, München 1995.
Rohls, Jan, Theologiegeschichte der Neuzeit. Band I und II. Studienausgabe, Tübingen 2018.
Schjørring, Jens u. a., Geschichte des globalen Christentums, Band 2 (s. o. Gesamtdarstellungen).

6. Globales Christentum im 20. und 21. Jahrhundert
Graf, Friedrich Wilhelm, Götter global. Wie die Welt zum Supermarkt der Religionen wird, München 2014.
Kim, Sebastian C. H./Kim, Kirsteen, A History of Korean Christianity, New York 2015.
Körtner, Ulrich H. J., Ökumenische Kirchenkunde (Lehrwerk Evangelische Theologie 9), Leipzig 2018.
Koschorke, Klaus/Ludwig, Frieder/Delgado Mariano (Hg.), Außereuropäische Christentumsgeschichte. Asien, Afrika, Lateinamerika 1450–1990, Neukirchen [3]2010 (Quellensammlung).

Moffet, Samuel Hugh, A History of Christianity in Asia, Volume I und II, San Francisco 1992 und New York 2005.

Reinhard, Wolfgang, Die Unterwerfung der Welt. Globalgeschichte der europäischen Expansion 1415–2015, München [4]2018.

Schjørring, Jens u.a., Geschichte des globalen Christentums, insbesondere Band 3 (s.o. Gesamtdarstellungen).

Tamcke, Martin, Das orthodoxe Christentum, München [3]2017.

II. Lebensformen des Christentums

1. Innerlichkeit: Die kontemplative Dimension

Leppin, Volker, Ruhen in Gott. Geschichte der christlichen Mystik, München 2021.

McGinn, Bernard, Die Mystik im Abendland. Band 1 bis Band 6/2, Freiburg 2010 (Sonderausgabe) bis 2017.

Ruh, Kurt, Geschichte der abendländischen Mystik. Band 1–4, München 1990–1996.

2. Institution: Die Sozialgestalten des Christentums

Karle, Isolde, Praktische Theologie (Lehrwerk Evangelische Theologie 7), Leipzig 2020.

Roloff, Jürgen, Die Kirche im Neuen Testament, Göttingen [3]1998.

Troeltsch, Ernst, Soziallehren (s.o. Gesamtdarstellungen).

3. Ritus: Geheimnisse feiern

Bieritz, Karl-Heinrich, Liturgik, Berlin/New York 2004.

Guardini, Romano, Vom Geist der Liturgie, Mainz [23]2013.

Maier, Hans, Die christliche Zeitrechnung. Ihre Geschichte – ihre Bedeutung, Freiburg 2013.

Meßmer, Reinhard, Einführung in die Liturgiewissenschaft, Paderborn [2]2009.

4. Kultur: Mit Steinen, Tönen, Bildern und Dichtung predigen

Claussen, Johann Hinrich, Gottes Häuser oder Die Kunst, Kirchen zu bauen und zu verstehen, München [2]2012.

Claussen, Johann Hinrich, Gottes Klänge. Eine Geschichte der Kirchenmusik, München [2]2015.

Erne, Thomas, Hybride Räume der Transzendenz. Wozu wir heute noch Kirchen brauchen, Leipzig 2017.

Gombrich, Ernst H., Die Geschichte der Kunst, London [16]2000.

Lauster, Jörg, Die Verzauberung der Welt (s.o.).

Rohls, Jan, Kunst und Religion zwischen Mittelalter und Barock. Von Dante bis Bach. Band 1–3, Berlin/Boston 2021.

III. Motive des Christentums

Barth, Ulrich, Symbole des Christentums. Hg. von Friedemann Steck, Tübingen 2021.
Harnack, Adolf von, Lehrbuch der Dogmengeschichte. Drei Bände (⁴1909). Neuausgabe Darmstadt 2015.
Korsch, Dietrich, Antwort auf Grundfragen christlichen Glaubens. Dogmatik als integrative Disziplin, Tübingen 2016.
Otto, Rudolf, Das Heilige. Über das Irrationale in der Idee des Göttlichen und sein Verhältnis zum Rationalen (1936). Neuausgabe, München 2014.
Pannenberg, Wolfhart, Systematische Theologie. Drei Bände, Göttingen 1988–1993.
Rahner, Karl, Grundkurs des Glaubens. Einführung in den Begriff des Christentums (Sonderausgabe), Freiburg 1984.
Rohls, Jan, Ideengeschichte des Christentums. Bände I–III/2, Tübingen 2012–2014.
Tillich, Paul, Der Mut zum Sein, Berlin/New York 1991.
Tillich, Paul, Systematische Theologie. Hg. und eingeleitet von Christian Danz. Band I/II Berlin/Boston ⁹2017, Band III Berlin/Boston ⁵2017.
Troeltsch, Ernst, Soziallehren (s. o. Gesamtdarstellungen).
Wenz, Gunther, Studium Systematische Theologie. Studienausgabe. 10 Bände, Göttingen 2016.

IV. Christliche Weltgestaltung

Breitsameter, Christof/Goertz, Stephan, Vom Vorrang der Liebe. Zeitenwende für die katholische Sexualmoral, Freiburg 2020.
Gemeinhardt, Peter, Die Heiligen. Von den frühchristlichen Märtyrern bis zur Gegenwart, München 2010.
Handbuch der Evangelischen Ethik. Hg. von Wolfgang Huber, Torsten Meireis und Hans-Richard Reuter, München 2015.
Küng, Hans, Weltethos. Sämtliche Werke, Band 19, Freiburg 2019.
Leonhardt, Rochus, Ethik (Lehrwerk Evangelische Theologie 6), Leipzig 2019.
Pannenberg, Wolfhart, Anthropologie in theologischer Perspektive, Göttingen 1983.
Rendtorff, Trutz, Ethik. Hg. von Reiner Anselm und Stephan Schleissing, Tübingen ³2011.
Rousseau, Jean-Jacques, Abhandlung über den Ursprung und die Grundlagen der Ungleichheit unter den Menschen, Stuttgart 1998.
Scheliha, Arnulf von, Protestantische Ethik des Politischen, Tübingen 2013.
Vogt, Markus, Christliche Umweltethik. Grundlagen und zentrale Herausforderungen, Freiburg 2021.
Weber, Max, Die protestantische Ethik und der Geist des Kapitalismus. Hg. und eingeleitet von Dirk Kaesler, München ²2006.

Bildnachweis

Seite 74: © akg-images / De Agostini Picture Library
Seite 74: © akg-images
Seite 75: © Hervé Champollion / akg-images
Seite 75: © Manuel Cohen / akg-images
Seite 76: © akg-images / L. M. Peter
Seite 80: Public Domain
Seite 80: © akg-images / Orsi Battaglini
Seite 81: © akg-images / John Parrot / Stocktrek Images
Seite 81: © akg-images / Erich Lessing

Personenregister